Prix : 60 centimes

AUTEURS CÉLÈBRES

Jehan SOUDAN

HISTOIRES AMÉRICAINES

ILLUSTRÉES

Préface par ARMAND SILVESTRE

PARIS
MARPON ET E. FLAMMARION
ÉDITEURS
26, RUE RACINE, PRÈS L'ODÉON

HISTOIRES AMERICAINES

ÉMILE COLIN. — IMPRIMERIE DE LAGNY

JEHAN SOUDAN

HISTOIRES AMÉRICAINES

ILLUSTRÉES

Préface par Armand SILVESTRE

PARIS

C. MARPON & E. FLAMMARION, ÉDITEURS
RUE RACINE, 26, PRÈS L'ODÉON

PRÉFACE

Au moment où de jeunes écrivains, épris de style et de liberté, tentent de ressusciter la verve des vieux auteurs gaulois, rien ne pouvait être plus intéressant et plus curieux qu'un échantillon de la gaîté du Nouveau-Monde, et nul n'était placé dans les lettres mieux que Jehan Soudan pour nous apporter les échos de ce milieu si particulier qu'il connaît comme pas un Français de son temps.

Brillant chroniqueur parisien, mais de par le caprice de son humeur aventureuse, flâneur littéraire, des années durant, à travers les contrées les plus chimériques des deux hémisphères, Jehan Soudan a pu, au retour de ses courses en Amérique, mesurer avec une précision mathématique la dose de fantaisie yankee que nos cerveaux routiniers sont capables de supporter.

Le lecteur des HISTOIRES AMÉRICAINES *constatera qu'il y a réussi à miracle.*

Le boulevardier n'y a pas abdiqué, et cependant elles nous transportent bien loin par delà les mers, où nous avait conduits déjà l'imagination lyrique d'Edgar Poë.

Mais Poë est une façon de tragique, et qui a écrit surtout pour les poètes.

Jehan Soudan, lui, est un sceptique du Paris moderne. Tout en faisant, comme un moraliste patenté, sa cueillette d'impressions, de sensations pour quelque livre de haute volée, il crayonne en courant parmi les nations exotiques dont il est l'hôte, des croquis légers, des portraits, des types, des satires où coule une verve abondante qui est bien de chez nous, et où se trahit le jeune journaliste à monocle. Seulement il arrive pour ces tableautins, brossés par un Parisien, qu'ils ont un sentiment de sincérité, une intensité de couleur exotique, à peine explicable par ce fait original que l'auteur, polyglotte sans égal, a écrit ses HISTOIRES AMÉRICAINES *pour les lecteurs du* NEW-YORK HERALD *ou du* SUN, *avant de nous les donner en français dans le* GIL-BLAS *ou le* FIGARO.

Voilà pourquoi, sans doute, avec le livre de Jehan Soudan j'ai plus appris en une heure sur la vie et la société du Nouveau-Monde qu'en une semaine dans le grave M. de Tocqueville.

Mais l'intérêt tout particulier de ces HISTOIRES AMÉRICAINES, *c'est surtout que l'auteur ait été en mesure d'y prendre, d'un bout à l'autre, la forme littéraire spéciale aux conteurs américains, en même temps que leurs sujets familiers, enfantins même parfois, leurs allusions bibliques, leur badinage domestique et humoristique.*

Tout est aimable dans ce volume où les pages plaisantes abondent, où le rire est sans cesse évoqué.

Le rire? non. Mais un sourire qui a bien son charme. Les larges hilarités de Rabelais et de ses imitateurs sont un produit du terroir. Nous les chercherions en vain, même dans les conteurs italiens, nos frères d'origine.

Ce qui est bien de l'écrivain français dans le livre que j'ai le plaisir de présenter au public, c'est avec la sobriété, la clarté, un bon goût parfait dans les plaisanteries, et une distinction extraordinaire dans les moyens d'action.

Le génie américain est essentiellement mystificateur. La farce elle-même se présente dans ses œuvres sous des habits sérieux et de noir vêtue. Tout à coup, de cette ombre, jaillissent des clartés singulières, et cette nuit de convention est rayée d'éclairs bizarres, troublée dans sa solennité par d'étranges dessins de feu. Sur ce rideau obscur, sur ce drap mortuaire, des arabesques enflammées courent, se tracent des hiéroglyphes d'étincelles. Drap mortuaire est le mot juste : car la mort, dans ces contes, est un des éléments constants de gaîté.

Il y a bien pour nous quelque chose d'impitoyable et de froid dans ce mode peu expansif et irrespectueux de toutes choses de se divertir. Le grand art de Jehan Soudan me paraît être d'avoir amorti ces cruautés tout en en jouant comme un autre, par un je ne sais quoi de bon enfant dans le récit qui lui est propre et naturel. C'est par là que bien que, très imprégné de saveur yankee, ce livre est encore assez français pour amuser beaucoup de Français.

On y retrouve constamment ce goût du surnaturel

qui est caractéristique de la littérature américaine, et nous révèle un peuple jeune dont le spiritualisme est encore à l'état instinctif. C'est, dans l'histoire, un signe constant de l'enfance des races. La vie s'y présente, pour ainsi dire, doublée d'une vie invisible où se meuvent des dieux, des génies ou des fantômes, suivant que nous sommes à Athènes, à Ispahan ou à New-York. L'existence n'y est pas bornée, comme chez les nations repues de civilisation, au tangible et au matériel. J'avoue que cela ne me déplaît pas ; car la poésie y trouve son compte, la poésie qui n'est plus qu'un art d'expression chez les hommes qui ont trop étudié.

Dans la littérature qui nous occupe ici, elle se complique de préoccupations scientifiques. C'est par là que le réel reprend ses droits. C'est que la science est aussi une source de poésie, comme Lucrèce l'a si bien révélé au monde latin.

Mais ce n'est pas le lieu de philosopher gravement sur de si académiques sujets. J'ai toujours considéré les livres comme des bateaux qui nous emportent sur des fleuves inconnus. Celui-ci coupe les océans avec l'audace d'un trois-mâts, avec la rapidité d'un steamer, et je le conseille aux voyageurs qui, comme moi, aiment à franchir des millions de lieues sans risquer le moindre naufrage.

Il les conduira dans un pays demeuré nouveau pour nous, chez des peuples dont le génie est essentiellement différent du nôtre. Pilote irréprochable, M. Jehan Soudan leur épargnera les récifs de l'ennui.

Car, je le répète pour finir, pas de lecture plus gaie que celle-ci, et j'imagine qu'après une première traversée, mes compagnons m'imiteront en faisant une seconde fois la route sous le même pavillon.

Armand SILVESTRE.

« LE BON TON »

LE « BON TON »

EXTRAIT DU JOURNAL D'UN DÉCAVÉ NEW-YORKAIS.

A M. Jules Claretie.

New-York, 13 janvier 18..

Vingt-neuf ans aujourd'hui et pas tout à fait un dollar en poche ! Le moyen d'augmenter ce capital ?

Voyons la situation d'un œil impartial : Je ne sais pas me lever le matin ni conserver un emploi au delà de deux semaines.

J'écris comme un chat et suis même inapte à tenir des livres, n'ayant jamais pu apprendre à compter — si ce n'est sur mes doigts. Avec cela *il faut* que je fume et rien ne saurait m'habituer aux mauvais cigares.

Travailler ? A quoi ?

Je ne suis pourtant pas un sot. Dans la ville, nul

peut-être ne parle français avec aussi peu d'accent que moi, et pour chanter au piano je vaux bien les trois quarts des amateurs ordinaires. Enfin je n'ai pas trop mauvaise tournure, et, quand je m'en donne la peine, je tiens encore ma place dans un salon.

Avec tous ces avantages, pour l'instant, ma position sociale est tout juste celle d'un clou carré dans un trou rond. J'eusse dû naître fils aîné d'un duc, avec un gros majorat. Au lieu de cela, je suis orphelin — avec rien du tout de rente.

Je plaisante; il n'y a cependant pas de quoi. Montre, bagues, épingles de cravate, tous mes petits bijoux sont chez le juif du coin. C'est miracle que j'aie encore mon habit et mes boutons de plastron, en cas d'invitation. Sans la bonne femme de mon *boarding house*, qui me fait crédit sur ma mine, je crois que je serais sur le pavé...

Dans Broadway, tantôt, j'ai croisé William Crampton.

— Vous savez, m'a-t-il crié gaiement, les élections au cercle de l'Union sont pour demain. Soyez sûr que votre nom passera sans une seule voix d'opposition!

Sur le champ l'idée m'est venue : « Et les frais d'admission, de cotisation, de bienvenue »? J'ai pris un air affairé :

— Merci — mon cher Crampton. Mais rendez-moi je vous prie le service de retirer provisoirement ma candidature, car je quitte ce soir la ville pour un bout de temps.

C'était cependant mon rêve, depuis des années, d'être membre de l' « Union « Club !

Il n'y a pas à dire. Je suis à bout. A tel point que je me le demande sérieusement... Eh bien oui! Cela ne vaudrait-il pas mieux, après tout, un bon trou de six pieds sous terre?...

Ce Crampton! Toujours son éternelle chance! Toujours ce bonheur insolent qui me raille et m'irrite!...

15 janvier.

Sur ma table, à l'heure du courrier, je trouve un papier. Encore une facture oubliée? Non. C'est une circulaire :

« Aux riches Américains ». Quelle ironie!

« Les citoyens qu'une fortune subite — coup de bourse, héritage, loterie, spéculation commerciale, vote de la chambre, ou bill présidentiel, découverte de *placer*, de puits de pétrole, de machine à coudre, etc., élection à un bon poste — oblige, du jour au lendemain, à tenir maison et à faire figure, se trouvent parfois grandement embarrassés pour recevoir, donner à dîner, organiser bals, soirées, etc., parce que leur origine, leur première condition et leurs occupations précédentes ne les ont que très incomplètement initiés aux devoirs spéciaux et si délicats de maître ou maîtresse de maison.

» Sous le titre du « Bon Ton » nous créons un office spécial qui se fait fort de procurer dans un délai de six heures, et d'après tarif très modeste — 25 dollars par soirée, — des guides éclairés et discrets dont l'expérience et le tact épargneront aux nouveaux riches l'ennui de ces petites méprises mondaines, peu sérieuses en soi, mais toujours si sensibles à l'amour-propre, et même, en plus d'un cas, positivement nuisibles à de sérieux intérêts d'affaires.

» Admirablement au courant des obligations sociales auxquelles on peut se trouver appelé à faire face dans les diverses circonstances prévues par le code du *high life*, les représentants du « Bon Ton » se substitueront avec adresse à des hôtes trop peu sûrs d'eux-mêmes, et l'on peut s'en fier à nos envoyés du soin de conduire sous les meilleures formes et les plus décentes, toutes sortes de fêtes ou réceptions, en y maintenant jusqu'à la fin le ton raffiné des réunions les plus choisies de Londres ou de Paris.

» Pour ceux de nos millionnaires nouveaux qui resteraient surtout attachés à la simplicité des antiques mœurs yankees, nous avons des agents possédant à fond l'art difficile d'égayer une compagnie, composée d'invités totalement dépourvus de talents d'agrément.

» Mêlés sans affectation aux visiteurs, nos envoyés se tiendront à l'affût de toutes occasions pour provoquer une de ces explosions de gaieté, si bien accueillies dans nos assemblées. Récits, *speeches*, romances en vogue, *toasts*, hymnes, causeries humouristiques, anecdotes pour les dames, rien ne sera omis de ce qui peut déterminer une joyeuse animation dans l'assistance.

» Les représentants choisis par l'administration du « Bon Ton » pour tenir ces rôles divers ne sauraient tous, on le devine, appartenir à la classe des gens de métier. Pour les fonctions les plus délicates, qui exigent des connaissances et une pratique spéciales, trop rares, hélas! dans notre jeune nation, l'administration du « Bon Ton » a dû forcément s'adresser aux capitales du vieux continent. Aujourd'hui nous sommes assurés du concours de plusieurs *ladies* et *gentlemen* qu'on nous affirme alliés aux meilleures familles et du petit nombre de ceux qui, en dépit de leur fortune réduite par les vicissitudes politiques, ont conservé le monopole de ces façons élégantes, distinguées, véritable brevet de *respectability* pour le salon où on a le plaisir de les rencontrer.

« Le Bon Ton », comme on peut voir, se recommande tout seul au patronage de nos millionnaires, comme à celui de tous les patriotes qui supportent avec impatience les épigrammes malveillantes des voyageurs contre les mœurs naïves de notre peuple en formation. Dans la pensée de ses fondateurs, l'Institut américain le « Bon Ton » doit devenir la véritable école pratique de l'urbanité des temps nouveaux, une académie supérieure des belles manières dans la démocratie moderne. Nous croirons notre mission remplie si nous hâtons, — fût-ce de quelques jours — la venue de cette ère prochaine où notre glorieuse République aura reconstitué, au profit du Nouveau-Monde, l'art épuré de la politesse nouvelle. Notre ambition serait de trouver pour cet art élevé de larges bases, permettant de donner satisfaction aux légitimes aspirations d'une nation libre, tout en *adaptant* aux exigences de notre admirable fin du XIXme siècle les plus respectables traditions, léguées à l'histoire des mœurs par l'aristocratie surannée de l'ancienne France, aujourd'hui en pleine décadence.

« Respectueusement, dans l'attente de vos ordres,

« Le *manager* du « Bon Ton », Institut américain de politesse Nationale. »

Broadway, 1224.

Tiens! Tiens! Tiens! A première vue, il y a de l'argent dans cette spéculation. Oui, mais, pour l'instant, ce n'est pas moi qui enrichirai la caisse du « Bon Ton ». Je ne suis guère en passe de donner des fêtes. C'est égal! je serais curieux de voir la tête de ces nouveaux riches qui louent les services d'un représentant du « Bon Ton », et surtout celle de ces fameux « envoyés discrets ».

Une idée!... mais oui. Pourquoi pas? Dans ma situation je n'ai pas le choix, ni le droit de faire le difficile...

Jeudi, 18 janvier.

C'est arrangé. Je suis un des « agents discrets », un des représentants du « Bon Ton ». Je n'étais pas assez riche pour me payer un guide mondain. Eh bien! c'est moi qu'on paiera pour guider les autres.

Voilà comment cela s'est fait : Deux jours entiers, j'hésitai. Ce matin, enfin, je me suis décidé. J'arrive au bureau du « Bon Ton » et me trouve devant un jeune homme plein de dignité. En manière d'introduction je produis la circulaire. L'œil clair et froid du jeune homme digne passe la revue de toute ma personne : « C'est pour vous faire inscrire », dit-il, du ton assuré de quelqu'un qui a deviné le but de ma démarche. Et, sans attendre ma réponse : « Diable! Diable! Cela fait déjà près de soixante demandes! Vous n'avez guère de chances d'être employé tout de suite... Pourtant... » Il promena sur moi son regard indécis et reprit son monologue, sans tenir compte de ma présence : « Pas mal vraiment. Cinq pieds et deux moustaches blondes. Bonne mine, même distinguée. Ce serait vraiment dommage !... Attendez ! » Il mordilla son porte-plume et réfléchit. Enfin, s'adressant à moi : « Suivez-moi, je vous prie ! »

Nous gagnâmes ensemble un petit salon où était un piano ouvert avec de la musique. A côté de l'instrument se tenait debout un homme au teint de bistre qui fit un salut poli. Il me revint je ne sais quel souvenir des chambres de torture dans l'histoire de l'Inquisition. Qu'allaient faire de moi ces deux hommes ?

Avant de procéder à la cérémonie de la question ordinaire, le grand inquisiteur — je veux dire mon examinateur — me fit l'honneur d'une dernière réflexion, prononcée du même ton sérieux et grave : « Vous n'oseriez pas, j'imagine, me faire perdre mon temps, monsieur, si vous ne vous sentiez en mesure de satisfaire aux obligations de l'emploi pour lequel vous vous proposez à notre Académie? Je suppose que vous êtes tout prêt à subir les épreuves permettant de constater vos aptitudes et talents d'agrément. »

Ma contenance lui enleva ses doutes ; car ses sourcils, un instant froncés dans une expression sévère, se détendirent subitement, et ce fut d'une voix presque engageante qu'il commanda : « Veuillez vous asseoir et chanter ce morceau en vous accompagnant. C'était la romance du *Trouvère*. Je me sentais en voix. J'attaquai avec toute l'expression dont je fus capable.

— Bravo ! cria le second inquisiteur, l'homme au

teint bistré. Il m'adressa, le morceau fini, plusieurs questions en italien et en mauvais français.

Je répondis de mon mieux. L'examen se poursuivit par une autre romance ; puis ce fut le tour d'une chanson à boire et d'une ariette, à laquelle succéda un couplet d'opérette. On finit par une ballade irlandaise. Je me croyais quitte lorsqu'on me demanda de réciter un morceau de poésie. Je dus avouer que je ne savais rien par cœur.

— N'importe! dit le jeune homme à l'air respectable. Tel que vous ont montré les épreuves précédentes, vous êtes en mesure de nous rendre quelques bons services, pour les soirées chez les Américains vieux style. Le tarif qui vous est applicable, dans ce « département », est de 15 dollars par soirée. Seulement, il faudra étudier quelques pièces de vers, pour les déclamer, le cas échéant.

Et, dans un recueil spécial, avec une exquise obligeance, le jeune homme digne me désigna plusieurs extraits des meilleurs auteurs.

Je refoulai en moi un violent désir d'arracher le livre des mains de cet homme respectable pour le lui lancer à la tête. Mais que n'eus-je pas fait pour gagner 15 dollars par soirée!

— Très bien, dis-je d'une voix éteinte, et d'un air humble.

Je sortis épuisé de la salle de torture. On me demanda encore de décliner mon *vrai* nom, sous le sceau de la discrétion la plus absolue. Mon *vrai* nom? Cette fois je pensai ne pas me contenir. J'en eus pourtant la force. Enfin, l'on exigea quelques références. Par chance, j'avais eu soin de me munir de lettres de recommandation émanant de commerçants connus, lettres écrites peu auparavant dans le temps où je songeais, faute de mieux, à un emploi dans une maison de gros.

Cette dernière formalité remplie à mon honneur, je me suis laissé mettre la corde au cou et enrégimenter dans l'armée des « représentants » du « Bon Ton ».

N. B. — Si Crampton venait jamais à découvrir!

20 janvier.

Je viens de faire mes débuts dans mon nouveau rôle.

J'avais pour consigne de me tenir prêt, tous les après-midi, de 5 à 6, en attendant les « ordres » du bureau du « Bon Ton ». Hier en effet, vers ce temps-là, je reçus du *manager* un billet de service pour le soir même. Je devais me présenter après 9 heures dans une maison située rue 104-Est, près la cinquième avenue, et là, me mettre à la disposition de Monsieur et Madame J. K. P. Grocer [1] Je trouvai une demi-satisfaction dans ce nom qui jusqu'alors n'avait représenté pour moi que le fournisseur anonyme, le maître inconnu, presque irréel, de la boutique où l'on s'approvisionne de cirage, de thé, de ficelle. Je n'avais pas imaginé que ce nom pût désigner un particulier, semblable *à moi, ayant une femme, une maison, et le train de vie des autres citoyens.* Enfin je constatai, non sans un vrai soulagement, que cette adresse, rue 104-

[1] Épicier.

Est, appartenait à une région où je devais me croire positivement inconnu.

A neuf heures sonnant, je me trouvai dans un salon brillamment éclairé, déjà plein de monde. Au milieu, sous le lustre, on dansait avec un orchestre. Près de l'entrée, un gros monsieur d'air imposant, la face encadrée de favoris gris, causait avec une dame dont les épaules épaisses, charnues, sortaient avec effort d'un corsage en satin rouge. M. et Mme J. K. P. Grocer, à coup sûr — mes *propriétaires*, — non, comment dire, — mes *locataires* pour ce soir. — Le moyen de me faire reconnaître ? Une minute je demeurai indécis, mais le couple m'avait découvert. L'homme et la femme se parlèrent bas, tandis que leurs quatre prunelles fixaient sur moi un regard obstiné. Sans hésiter je vins à eux ; à mon grand étonnement, la maîtresse de la maison, m'appelant par mon nom, me dit sur le ton de la plus exquise affabilité.

— Bonsoir, monsieur Valentine, je suis charmée de vous voir.

M. Grocer mâchonna une phrase sourde signifiant à peu près : « Comment vous portez-vous ? »

Je répondis que j'étais ravi de faire leur connaissance... Je me repris : de les rencontrer.

Une dame venait à nous. Madame Grocer fit un pas.

— Chère amie, laissez-moi vous présenter M. Valentine, un de nos plus intimes et de nos plus anciens amis... Madame Smile...

La dame sourit ; je m'inclinai. Mme Grocer ajouta en minaudant :

— M. Valentin est un grand mondain ; nous avions bien peur d'en être privé ce soir.

La nouvelle venue eut un nouveau sourire plus large que le premier.

— C'est un grand plaisir pour moi de vous rencontrer, monsieur Valentine. Ma chère amie, madame Grocer, m'a souvent parlé de vous ; et, j'ai partout entendu vanter votre mérite.

Je ne pus m'empêcher de trouver le compliment un peu fort de la part de gens qui ne connaissaient pas mon existence la veille.

— Voulez-vous, reprit la dame souriante, m'offrir votre bras. Nous ferons un tour.

Je m'empressai le plus galamment possible, tout en observant du coin de l'œil M. Grocer. Le pauvre homme avait l'air mal à l'aise. Il semblait se dire que si je jouais un rôle, il avait sa part dans la supercherie. Quant à madame Grocer, elle semblait planer au-dessus de tout sentiment d'embarras. Sa soirée s'annonçait bien ; c'était là le point important. A la bonne heure ! Cette aisance féminine acheva de me donner pleine assurance. En de telles mains je me sentais sûr de moi. N'avait-elle pas autant que moi intérêt à cacher la vérité ? Le mari, lui, ne soufflait mot. Décidément, je le jugeais capable de nous compromettre par quelque sottise. J'eus bientôt pris mon parti et fait mon plan : éviter le Grocer et m'arranger de façon à ce que sa femme pût m'utiliser suivant les circonstances. Je me mis en demeure de remplir de mon mieux mes devoirs de cavalier servant auprès de madame Smile. Comme je m'éloignais avec elle, mon regard tomba encore sur le visage de Grocer. Vaguement j'éprouvai l'impression qu'il était pour moi une ancienne connaissance. Je trouvai à toute sa personne je ne sais quoi qui m'était familier...

Je n'ai de cette soirée que des souvenirs assez confus : lumières éclatantes, fleurs à profusion, robes roses, robes bleues et vertes ; puis çà et là, les taches noires des habits. Voilà tout ce que je me rappelle.

A onze heures, il fut question de danser le *Boston*. Un monsieur fut choisi pour conduire la danse et vint promener devant nous son chapeau plein de petits papiers. Je ne savais que faire au juste, dans la crainte de commettre quelque maladresse. Fort à propos madame Grocer vint me mettre au fait en quelques mots à voix basse : à la suite de rivalités féminines on avait décidé de tirer au sort les noms des danseuses. A la fin de la soirée, chaque cavalier devait reconduire celle que le sort lui avait donnée pour danser le *Boston*.

— Vous voyez ce qu'on attend de vous, dit madame Grocer ; vous dansez, n'est-ce pas ?

Elle prononça ces derniers mots d'un ton qui me parut plein de morgue, le ton « propriétaire. »

Je tirai mon papier. Il portait le nom d'une jeune fille qui n'était autre que miss Smile...

Ces notes de mon journal, nul ne les lira. Je puis donc écrire en confidence que ce soir-là j'ai plu à tout le monde, y compris ma jolie danseuse ; car la fille de madame Smile est jolie, agréable, tout à fait charmante. J'ai été flatté d'avoir eu l'honneur d'être apprécié par elle. Mais surtout cela prouve que j'ai réussi dans mes « débuts ». Pourquoi ne pas me rendre justice dans l'intimité de moi-même ? Causer, danser, flirter, manger des glaces, et pour tout cela recevoir 4 dollars par heure, voilà désormais mon métier. Eh bien, cette première soirée m'a donné la preuve que je pouvais me distinguer dans cette bizarre profession. J'en avais d'ailleurs la conscience, qui doublait mon assurance. De sorte que je fus irrésistible ou à peu près. On me demandait partout ; et je fus présenté à tout le monde. Vers la fin de la soirée, madame Grocer me pria de chanter. Les salons étaient pleins à ce moment ; je m'exécutai sans hésitation.

Ici un petit incident : mon morceau achevé, je me tenais non loin de la porte du couloir. De l'antichambre, des voix arrivèrent à mon oreille. Je distinguai nettement ces suaves paroles : « Où dis-tu qu'il est ? — Là bas, près de la porte. Ce gentil garçon. Il a l'air de n'avoir jamais fait que cela de sa vie.

— Et tu dis qu'on lui donne quinze dollars pour cela ? Nous avons manqué notre vocation, Billy. » J'entends encore le gros rire provoqué dans l'office par cette plaisanterie. J'aurais tordu le cou à ces gens. Mais de quel droit ? Ils disaient vrai. Je me contentai de rougir jusqu'aux deux oreilles. Je crois même que je grinçai des dents. Par bonheur, un coup d'œil de madame Grocer vint me rappeler à la réalité de mes « devoirs ». Je m'élançai pour conduire ma danseuse à la table du souper.

Au moment du départ, M. Grocer me rejoignit. Il avait une expression de visage fort digne, M. Grocer, mais un peu mélancolique ;

— M. Valentine, vous avez été réellement charmant, dit-il, avec un sourire paterne. Vous vous êtes montré le boute-en-train de notre soirée. Et à propos, comment trouvez-vous qu'elle se soit passée, notre fête? Dites-moi votre sentiment réel.

— Mais il me semble, répondis-je, que madame Grocer et vous n'avez pas lieu d'être à demi satisfaits.

Ma voix avait à mon insu, pris un ton de confidence, comme si nous étions de moitié dans quelque mystérieux forfait.

— Madame Grocer, reprit-il, est ambitieuse. Elle désirait avoir une autre sorte de jeunes gens que ceux qu'elle reçoit d'ordinaire.

— Eh bien! conclut-il, en me regardant avec orgueil... Elle l'a eu... vraiment, elle l'a eu! Ne trouvez-vous pas?

Il rit longuement avec des éclats bruyants.

Décidément, je connais cette voix... Mais tandis que je fouille en vain dans mes souvenirs, voici miss Smile qui reparaît avec son manteau. Je prends congé du couple Grocer. Nous partons, ma jolie danseuse et moi.

En route, elle me traite comme un noble étranger, et me dit avec une petite moue d'une coquetterie malicieuse :

— Vous savez, monsieur Valentin, que toutes les dames meurent de jalousie de mon heureux destin qui vous fait mon cavalier. Vous avez été le roi de la fête.

Au seuil de sa porte, elle m'invite à lui aller faire visite.

Pauvre miss Smile! si elle pouvait savoir qui je suis! Sa mère s'est retirée depuis une heure.

Je me demande quand je serai payé.

22 janvier.

Je sais où j'ai déjà vu ce Grocer !... J'entrai hier chez Steward[1] pour acheter des gants. J'avais touché mes 15 dollars le matin. Les employés s'empressèrent autour de moi. Une voix dominait les autres :
— A quel rayon va monsieur ?
— Aux gants, répondis-je.

J'avais reconnu Grocer dans l'un des inspecteurs. Lui aussi me reconnut. Et, de deux hommes libres que nous étions l'instant auparavant, la révélation que nous eûmes chacun du secret de l'autre, fit de nous des esclaves. Nous tirâmes à gauche, à droite sans une parole. C'est égal, je suis content de savoir qui il est...

27 février.

Il y a huit jours que je n'ai plus écrit sur ce carnet. La vérité est que tout ce temps j'ai eu l'existence misérable. Ce métier est dégradant. Partout je m'attire de nouvelles avanies; jusqu'aux domestiques, en certains endroits, qui me regardent de travers. Dans une maison, le maître d'hôtel me suivait partout, pour voir si je ne volais pas l'argenterie. Il m'a semblé que Crampton qui était là ne me quittait pas des yeux et qu'il soupçonnait quelque chose. Quand je pense qu'il pourrait découvrir mon secret et tout raconter au club !

Dans une autre maison, chez un millionnaire, on m'a donné un chèque de 25 dollars quand je suis parti.

[1] Célèbres magasins de nouveautés dans le genre du Louvre. Fermés depuis.

« C'est pour la façon dont vous avez chanté, » me dit l'homme.

Je lui rendis le chèque avec humeur. Mais lui : « Ne vous fâchez pas. Ce que vous êtes venu faire chez nous vaut pour moi plus de 25 dollars, J'en ai eu du plaisir pour plus du double de la somme. Je ne vois pas pourquoi je ne paierais pas cela comme autre chose. ».

J'ai fini par accepter le chèque.

Je suis certainement moins pauvre qu'il y a quelques semaines, J'ai pu m'offrir les petites douceurs dont j'étais privé. Encore deux ou trois soirées et je donne un acompte à ma propriétaire.

Depuis le jour du chèque, je ne puis aller nulle part sans rencontrer Crampton. L'autre soir, il m'a dit d'un air ironique : « Vraiment, Valentin, je ne vous savais pas si mondain ! » J'ai pensé aussitôt qu'il m'avait deviné. Il est revenu à la charge : « Au fait, puisque vous ne partez pas en voyage ; vous savez, pour l'Union-Club, tout est *all right!* » Jamais je n'oserai plus mettre les pieds dans un cercle. Ce Crampton ! Je le hais. Bien sûr, il soupçonne la vérité ; il sait qu'il me tient et veut me le faire sentir.

5 février.

Je n'avais pas songé à cela !

L'autre soir, on m'a invité à un dîner où, des quatorze convives attendus, l'un s'est fait excuser au dernier moment. Mon hôte, un certain M. Courtland, fut très aimable devant le monde. Cependant je sentais tout l'odieux de ma position de *bouche-trou*. La maison, située sur *Washington square*, était une de ces bâtisses à l'ancienne mode, avec une salle à manger tendue de tapisseries, et des panneaux en chêne sculpté. Je feignis un grand empressement envers la dame âgée que j'avais accompagnée du salon. Mais en réalité, tous mes regards étaient pour une ravissante jeune fille assise en face de moi. Sa chevelure avait des reflets d'or vierge, ses prunelles étaient d'un bleu sombre. Elle portait une robe de forme ancienne, satin rose, ouverte en cœur sur la gorge. Je compris que c'était la nièce de notre hôte, veuf sans enfant, qui en avait fait sa fille et son héritière. Après le dîner on rentra au salon, et j'allais me retirer ; à ce moment, miss Courtland s'approcha du piano et chacun la pria de chanter.

— Volontiers ! dit-elle avec une bonne grâce très simple. Sa main blanche feuilleta le cahier de musique et s'arrêta sur un duo pour soprano et ténor.

— Mais, dit-elle, hésitant tout à coup, qui va chanter avec moi ?

Son regard fit le tour des habits noirs.

Personne ne répondit.

— Rosy, M. Valentine chante, j'en suis sûre, dit la voix d'une Mme Mac Gaff qui avait été ma voisine à table.

M. Courtland me lança un regard furieux, lequel disait clairement : « Tu n'auras pas cette audace de chanter avec ma nièce ! »

De toutes les humiliations qui commençaient à m'être familières, dans ma nouvelle « position », celle-là me parut la plus insupportable. Cependant M. Courtland réprima vite ce premier mouvement et d'un air pincé :

J'espère que vous nous ferez le plaisir de chanter, monsieur Valentine ? »

J'obéis comme de raison, malgré une bonne envie de m'excuser et de prendre la porte. Mais le moyen de refuser ! Miss Rosy était là, devant moi, me regardant de son grand œil tranquille. Je me dis que je pouvais sans danger *me fier* à elle. Qu'adviendrait-il de cela ? Une *exécution* certaine, lors de notre première rencontre. J'éprouvais la sensation physique de l'abîme qui nous séparait l'un de l'autre... Je chantai, puis, discrètement, je m'esquivai, le duo fini.

La reverrai-je jamais ? Ce n'est pas probable.

10 février.

Plusieurs fois, cette semaine, j'ai gagné mes 15 dollars. Dans deux maisons, j'ai revu miss Rosy. Son oncle ne l'accompagne jamais. C'est madame Mac Gaff qui chaperonne la jeune fille à la mode française. Chaque fois, miss Rosy a paru me voir sans déplaisir. Quelle grâce adorable dans toute sa personne ! Et moi, auprès d'elle, j'ai conscience de n'être que mensonge et fourberie, apparence trompeuse, remords vivant.

Enfin ! Profitons des aubaines que le génie protecteur des décavés nous envoie. Ce maudit Crampton ! Il ne quitte pas le bras de miss Courtland. Parvient-il à obtenir *d'elle* un tour de danse, il me lance aussitôt un sourire narquois et sardonique.

Quel joli nom que celui de Rosy, comme il va bien à *ses* lèvres !

15 février.

La malice de cet homme est sans bornes. Je sens qu'il a découvert mon secret, j'éprouve une torture à le voir causer avec miss Rosy, comme il a fait hier pendant plus d'une demi-heure. Il parlait, bien sûr, de moi. Elle l'écoutait, me regardant d'un air surpris. Je suis au pouvoir de ce Crampton !

20 février.

C'est une sottise impardonnable d'envoyer des fleurs à miss Courtland — pour deux raisons. La première, c'est qu'il ne me restera plus de quoi payer mes notes de la semaine ; la seconde, c'est que j'ajoute encore à la déception que je me prépare en essayant d'escroquer sa sympathie... Pourtant, je ne puis résister à la tentation !...

21 février

Cela devient grave. Hier, en soirée, miss Rosy m'a dit avec une petite voix légère d'une douceur infinie : « Mais j'y songe, M. Valentine, vous n'êtes pas encore venu me faire visite. » Sa jolie tête d'enfant prit une pose qui m'a paru d'une reine : « Je ne vous en ai pas prié ; car je me disais que vous croiriez bon de vous montrer chez nous, après avoir dîné à la table de mon oncle ». Je balbutiai avec embarras :

— Croyez, miss, que j'eusse fait depuis longtemps cette visite... Mais une petite discussion, un dissentiment léger, oh ! rien de sérieux !... que j'ai eu avec M. Courtland... Enfin, je n'ose guère me présenter...

Naturellement, j'ajoutais un nouveau mensonge à tous les précédents.

Le visage de miss Rosy s'éclaira d'un malin sourire.

— Ce n'est pas une raison pour ne pas venir. Après-demain, jeudi, c'est mon jour ; venez me demander une tasse de thé. Mon oncle n'est jamais à la maison avant six heures. Et puis, si vous le rencontrez, ce sera une excellente occasion de faire votre paix. »

Comme dans un rêve, sans la moindre pudeur, j'acceptai avec délices.

Dans l'instant, Crampton arrivait, jouant des coudes parmi les invités, et d'un ton cavalier, qui me parut parfaitement de mauvais goût :

— Dites-moi, miss Rosy, serez-vous *at home* jeudi ? Si oui, avec votre permission, j'irai vous faire visite.

Le traître ! Il nous écoutait et voulait me couper l'herbe sous le pied. Par bonheur, une dame vint parler à miss Rosy, qui s'éloigna sans avoir répondu à la question de Crampton. La colère me prit. Je saisis le bras de mon persécuteur et le serrai comme dans un étau.

— Crampton, lui soufflai-je à l'oreille, les dents serrées, me contenant à peine, vous allez trop loin, mon cher !

Il me lança un coup d'œil furibond, m'écarta vivement et s'esquiva.

22 février.

Deux heures du matin. Ma cervelle bout. Inutile de chercher le sommeil. Notons plutôt le récit de ce qui vient de se passer ; cela me calmera peut-être.

Quand je me suis présenté ce soir dans la maison où l'administration du « Bon Ton » m'envoyait pour amuser les gens à quatre dollars par heure, au détriment du respect de moi-même, je me suis aperçu que j'étais en avance.

Personne au salon, si ce n'est la maîtresse de la maison, une dame en cheveux blancs, qui tenait à la main un formidable cornet acoustique. Soudain, quelqu'un entra rapidement. Je reconnus Crampton. Il passa devant moi sans me voir, s'avança d'un air gêné, salua, et d'un accent plein d'humilité :

— Je suis M. Crampton...

— Comment dites-vous ? interrogea la dame, brandissant son cornet qu'elle lui tendit.

Crampton s'en saisit et répéta son nom.

— M. Norton ? Je ne connais pas.

— Crampton, madame, Crampton ! hurla le visiteur.

— Ah ! très bien, Crampton. Oui, oui, dit-elle, se reprenant. Et son visage s'éclaira d'un sourire d'intelligence. — M. Crampton du « Bon Ton, » je sais. Mais où est votre camarade ? Vous devez être deux... Oh ! excusez-moi, ajouta-t-elle brusquement, sans attendre la réponse, mais j'ai oublié quelque chose... Excusez-moi, je vous prie. Je reviens à l'instant !...

Elle s'éloigna, laissant Crampton interdit.

Nous nous trouvâmes face à face, lui et moi. Il vit que j'avais entendu, et, d'un ton suppliant :

— Au nom du ciel, Valentine, s'écria-t-il, ne me perdez pas ! J'ai senti, dès le premier jour, que vous soupçonniez mon secret, que j'étais à votre merci ! Je fais appel à votre bon cœur... Valentine, dans votre situation d'homme riche, vous ignorez, vous ne pouvez imaginer l'horreur de certaines existences... comme la mienne !

Je dus terriblement changer de visage, car Crampton s'arrêta court, ses yeux rivés sur les miens, et demanda :

— Qu'avez-vous ?

Par un effort, je me remis. La vieille dame reparut en même temps.

— Ah ! voici l'autre, cria-t-elle en m'apercevant. Vous êtes bien monsieur Valentine, du « Bon Ton » ? Très bien ! C'est cela, mes invités peuvent arriver, maintenant.

Le valet introduisait déjà les invités. La vieille dame fut à leur rencontre. Je restai de nouveau en tête-à-tête avec Crampton qui me dévisagea une minute d'un air ahuri, souffla bruyamment à trois reprises et dit :

— Nous sommes quittes. Vous me tenez, mais je vous tiens. Prenez garde à ce que vous ferez.

Nous n'avons plus échangé un mot tout le reste de la soirée.

Comment cela va-t-il finir ? Demain, je vais faire ma visite à miss Courtland. Je suis décidé à tout lui avouer.

Que va-t-elle penser de moi ? Qui peut savoir ? La reine n'aima-t-elle pas Ruy-Blas, même après avoir découvert qu'il n'était qu'un laquais ?...

Quel rêve absurde vais-je faire là !

23 février.

C'est fini. Je suis allé chez les Courtland, cet après-midi. Miss Rosy était seule dans un petit boudoir; la flamme du foyer dansait gaiement sur les bûches avec des clartés vives qui moiraient le poli des meubles de furtives lueurs. Un moment, elle s'approcha du foyer, et sa jolie chevelure où se jouait la lumière, me parut un nimbe d'or.

Ma contrainte, mon anxiété, n'échappèrent pas à miss Rosy. Sans préambule, elle m'en demanda le motif, très simplement, avec une voix douce et bonne qui m'a décidé à parler.

— Miss Courtland, me suis-je écrié, que penseriez-vous si je vous avouais que je vous ai indignement observée, — que je ne suis pas.... qui je parais être ?

— Que voulez-vous dire? demanda-t-elle, inquiète.

Je repris :

— Promettez-moi seulement que vous me croirez lorsque j'affirme vous avoir trompée sans préméditation, et, j'ose le dire, avec un profond regret.

Elle fixa sur moi ses grands yeux, et très sérieuse :

— Vous pouvez vous fier à moi.

En peu de mots, je contai ma honte, sans m'épargner un détail. Elle écoutait mes paroles d'un air grave. Ma confession achevée, elle sourit.

— Il n'y a là rien de déshonorant, et je reste votre amie. Je suis heureuse que vous soyez venu me faire cet aveu, car M. Crampton a dit hier quelque chose de vous...

— Crampton! m'écriai-je, mais c'est le dernier au monde qui devrait avoir l'audace!...

Je m'arrêtai net. Miss Rosy voulut savoir.

— Continuez, ordonna-t-elle.

— Non, miss, rien. Je ne parlerai pas de Crampton.

Tout m'est égal puisque vous me gardez votre estime.

— Vous l'avez avec mon amitié.

Elle me tendit sa main, sa petite main blanche et fine; à travers les doigts fluets, je voyais le sang vermeil rosé par la lueur du foyer. Je saisis cette main loyale et bonne et j'eus l'audace de la porter à mes lèvres. Juste à cet instant, deux personnes entrèrent dans le boudoir: M. Courtland par une porte, Crampton par l'autre.

M. Courtland s'arrêta stupéfait, sans un mot. Mais Crampton, hors de lui, s'élança sur moi.

— Vous avez osé!... Je vais vous confondre.

— Crampton, dis-je, frémissant de colère et de honte, notre cas est le même. Faites attention à vos paroles.

Cependant j'avais parlé plus haut que je n'eusse voulu; miss Rosy avait entendu.

— Ah! je comprends, dit-elle, en partant d'un grand éclat de rire, sans quitter Crampton du regard.

Crampton pâlit, rougit, redevint blême. Entre ses lèvres minces et tremblantes de fureur des mots passèrent incohérents. Je surpris ceux d'« engagement rompu. » Enfin il salua gauchement et s'éloigna tout troublé.

M. Courtland, cependant, avait recouvré son calme. Il vint à moi :

— Que veut dire cette impertinence, monsieur?

Il se tourna vers sa nièce.

— Rosy, savez-vous quel salaire a reçu cet homme en échange de l'obligation de venir s'asseoir à ma table? J'ai pris ce monsieur « en location » au bureau du « Bon Ton », comme *figurant* contre la mauvaise influence du *treize*! Je ne vous ai pas prévenue contre cet individu parce que je vous devais croire à l'abri d'une nouvelle rencontre avec lui... Je m'en suis rapporté aussi, monsieur, à vos sentiments de décence et d'honnêteté.

L'administration du « Bon Ton » me semblait une garantie suffisante de votre caractère. Je me suis trompé, c'est un abus de confiance. Vous ne m'avez pas dérobé mon argent; mais vous avez fait beaucoup pis. Je rendrai compte à votre *manager*... Quant à vous, il ne vous reste plus qu'à quitter sur le champ cette maison...

— Mon oncle, mon cher oncle, intervint miss Rosy, d'un ton ferme, et très calme, M. Valentin est venu justement pour me dire tout cela, et il ne m'a fait visite que parce que je l'y ai formellement invité.

M. Courtland fit mine de ne rien entendre. Il répéta qu'il s'allait plaindre au bureau du « Bon Ton. »

Je n'avais qu'à me retirer. J'adressai à miss Rosy un long regard de muette reconnaissance, je saluai et sortis.

Comme consolation, je me dis que, *malgré tout*, miss Courtland ne m'a montré aucun mépris. Ma vengeance, c'est que Crampton se trouve en d'aussi mauvais draps que moi — si ce n'est pis. . . . . . .

. . . .

Mon renvoi vient d'arriver de l'administration du « Bon Ton ». Ouf! Quel soulagement d'être affranchi d'un tel esclavage!

... Oui, mais je suis plus endetté que jamais... Que faire maintenant ?...

24 février.

Une lueur dans mes ténèbres.

Je reçois un mot signé : Rosy Courtland. « L'oncle s'est calmé devant les explications. Puisque M. Valentin n'appartient plus à l'académie du « Bon Ton », il est autorisé à se présenter, jeudi après-midi, à la maison Courtland. *On* ne doute pas qu'il ne trouve prochainement un emploi honorable de son activité. »

Je ne puis m'empêcher de penser encore à Ruy-Blas et à la Reine.

Mais si je suis comparable au valet ministre, ma reine à moi n'a pas de mari !...

COMPLET

A DIX-SEPT DOLLARS ET DEMI

COMPLET A DIX-SEPT DOLLARS ET DEMI

Au vicomte Alphonse de Calonne.

Il n'y avait pas dans tout Bowery [1] un marchand d'habits mieux achalandé que M. Abrahams, le célèbre tailleur américain. Dans ce magasin, un jeune homme était sûr de trouver toujours le plus grand choix de jaquettes, paletots à la dernière mode de Paris, pour aller « plus juste que le papier sur le mur », comme disent les marchands de la tribu d'Israël.

« *Le bon goût uni au bon marché* », telle était la devise commerciale de M. Abrahams, à la porte duquel, en tout temps, un gracieux et élégant mannequin sollicitait les clients aristocratiques, avec un geste muet, mais d'une éloquence suprême.

[1] Boulevard de New-York, où sont les cafés chantants, les jeux de boules, les petits théâtres, les musées populaires, quelque chose comme l'ancien boulevard du Temple.

Ce mannequin, de grandeur naturelle, représentait un homme jeune, au visage affable, aux cheveux noirs superbement bouclés. Mais c'était surtout les yeux qui avaient une expression charmante ; quant aux pointes de ses moustaches, également relevées par un tour galant, elles étaient simplement irrésistibles. Sans atteindre positivement des proportions athlétiques, les bras, les jambes, étaient bien attachés, les épaules et le torse bien pris. Le propriétaire de la figure de carton venait de lui faire présent d'un joli vêtement complet de dix-sept dollars et demi, dont le prix, marqué en chiffres connus, était imprimé en rouge vif sur une étiquette toute neuve, qui brillait au parement de l'habit, comme une décoration de l'ordre du bon marché.

Ainsi placé en sentinelle à l'entrée du magasin, depuis l'aube jusqu'à l'extinction des quinquets, un mannequin ordinaire eût trouvé son existence d'une monotonie désespérante.

Mais celui-ci était doué d'une vigueur d'âme peu commune. C'était un caractère. Jamais une plainte, jamais un murmure. Il pensait à part lui : « Les mannequins vivants peuvent bien avoir de plus riches vêtements ; en revanche ils sont obligés d'être présidents des États-Unis, ou receveurs de compagnies d'assurances. C'est encore pour moi qu'est l'avantage, et je dois m'estimer heureux de mon sort modeste. Du moins, je n'ai ni pension à payer, ni loyer, ni préoccupation d'aucune sorte, et suis assuré en tout temps d'un abri pour ma tête, d'un costume décent pour me couvrir ! »

Neige, vent, pluie ou soleil trouvaient ainsi la

poupée d'égale humeur et fidèle à son devoir.

Or, tandis que le mannequin philosophait de la sorte, comme une poupée aux nobles instincts, le froufrou d'une robe de soie, accompagné par le tic-tic léger, mais sûr, fait par deux bottines féminines cliquetant sur le trottoir, attira les regards de M. Abrahams du côté de la devanture.

La jeune dame en grande toilette qu'annonçaient tous ces bruits délicats, porta sur l'étalage un regard indifférent. Et presque aussitôt, l'éclat de ses yeux bleu clair s'arrêta sur le visage du mannequin. Celui-ci rendit coup d'œil pour coup d'œil, faisant son regard aussi caressant que le permettait la nuance un peu sombre de ses yeux en carton peint. Et sans doute, il eut en lui-même un joyeux battement de cœur, car les mailles de la chaîne qui emprisonnait ses mains comme un insigne de honteuse servitude [1], rendirent un cliquetis harmonieux qui fit tressaillir la jeune femme.

M. Abrahams eut un sourire de satisfaction, et se tournant vers le comptoir placé dans le fond du magasin :

— Jacob, mon garçon, fit-il, je crois que cette *girl* cherche un costume pour son *beau*. Regarde comme elle admire le *complet* de dix-sept *thalers* et demi qui est sur le dos du *man'guin*. Je crois qu'elle va entrer. Je m'en vais pour ne pas lui faire peur.

1 Tous les objets placés aux portes des magasins américains, marchandises d'étalage ou simples paillassons, sont également retenus par une chaîne destinée à les protéger contre les tentatives des passants.

M. Abrahams disparut.

Quel abîme entre les natures vulgaires et les cœurs qu'embrase le feu sacré de la poésie ! Le seul objectif de M. Abrahams était le gain. Son mannequin, au

contraire, sous des apparences calmes et des dehors effacés, cachait une âme ardente, pleine d'aspirations élevées, et de sentiments raffinés. Le regard enchanteur de la belle inconnue l'avait frappé au cœur, avec la rapidité d'un coup de foudre. Il se sentait un autre mannequin. Il aimait.

. . . .

Quand M. Aaron Salomon Abrahams s'aventure de nouveau sur le seuil de sa porte, afin de vori l'effet produit sur la jeune femme par la contemplation de tant de beaux costumes, une révolution s'opéra dans ses traits. Son épais sourcil se fronça dans une laide grimace, et ses gros yeux roulèrent dans leurs orbites.

— Dieu de Moïse, de Lévy et de Jacob, s'écria le célèbre tailleur américain, le *man'guin* n'y est plus ! Mein Gott ! Je perds quatre thalers et demi !... Mein Gott !

. . . .

Suivons maintenant dans sa course aventureuse le mannequin vagabond, qui a laissé embraser son cœur de carton aux feux incendiaires de la charmante inconnue pour laquelle il a eu l'audace de fouler aux pieds ses devoirs les plus sacrés, en quittant pour la première fois, le sentier d'une vertu jusque-là inébranlable.

— Quels chagrins je me prépare ! pensait l'infortuné. C'est la ruine et le désespoir qui m'attendent ; mais à la vue de tant de charmes et de grâces réunis, je n'ai pu imposer silence à mon pauvre cœur. Ne pas revoir son visage adoré, c'est impossible ; dussé-je, en fuyant, me couvrir d'ingratitude envers M. Abrahams, mon généreux bienfaiteur, il faut que mon destin s'accomplisse. »

Et, dissimulant de son mieux les menottes dénonciatrices dans la profondeur de ses manchettes, Charlie Mannequin se mit à suivre l'objet de son irrésistible passion, marchant d'un pas aussi humain que possible, cherchant à imiter la démarche des jeunes élégants, pour ne pas attirer l'attention des passants. Une ou deux personnes, cependant, ne purent s'empêcher de rire en lisant l'écriteau resté accroché à sa manche : *Spécialité de costumes pour hommes; dix-sept dollars et demi.*

Mais l'âme de Charlie Mannequin était comme illuminée par un sentiment plus haut que le respect humain, il remua imperceptiblement les épaules et resta muet..

Cependant toujours suivie de loin par son admirateur silencieux, la jeune femme s'engagea dans l'aristocratique Cinquième avenue, sans se retourner une seule fois, car elle avait été fort bien élevée dans un célèbre pensionnat dirigé par des dames françaises.

Arrivée devant un splendide palais de pierre brune, elle monta vivement les marches d'un perron. Le timbre sonna. Mais, avant qu'on vînt ouvrir, elle tourna vers Mannequin sa face charmante où rayonnait un sourire plein de séduction. Le pauvre amoureux, hors de lui, agita vers elle son chapeau, dans un geste ardent où il mit toute son âme.

Pour toute réponse, la jeune femme lui envoya un baiser du bout de ses doigts. Presque aussitôt, la porte massive de bois sculpté tourna sur ses gonds, l'inconnue fit un pas en avant et disparut. La porte se referma. Mannequin se trouva de nouveeu seul dans le monde...

L'infortuné se lamenta.

— Un baiser, et c'est tout? La porte se referme! Je suis perdu ! Elle ne m'aime pas... Je vais retourner à mon poste odieux. Peut-être M. Abrahams me pardonnera-t-il! Mais moi, moi, que vais-je devenir, avec cet amour fatal au cœur?

Cependant, M. Abrahams gémissait sur la disparition de son mannequin. Toutes les jérémiades les plus énergiques du répertoire hébraïque y passèrent. Il consulta les boutiquiers voisins sur l'opportunité d'une démarche à la station de police. Enfin, M. Abrahams avait décidé de se montrer énergique, lorsque,

tout à coup, l'expression furieuse de ses traits se changea en un épanouissement de satisfaction.

En regardant du côté de la rue, l'œil perçant du marchand d'habits venait d'apercevoir le fuyard qui avait repris sa place à la montre.

— Par Jehovah! le voilà revenu! Mais où a-t-il bien pu aller?... Enfin! C'est *All right!*

M. Abrahams replaça soigneusement la poupée,

rajusta ses vêtements, un peu dérangés par la marche, et pendant quelques semaines, Charlie Mannequin resta dans son coin, sans autre incident.

. . . .

Par un beau matin du mois de mai, une jeune femme morne, pâle, amaigrie, visiblement la proie d'un violent chagrin, s'agenouillait aux pieds de bois du malheureux mannequin qui commençait à se résigner.

Grands dieux ! qui eût reconnu dans cette ruine le riant visage de la beauté qui avait pris le cœur et dont l'image flottait dans le souvenir de Mannequin comme une vision à demi effacée.

— Cruel ! s'écria la pauvre femme, avec un accent navré. O Apollon Belvédère ! Laisse-moi t'appeler Apollon Belvédère, veux-tu ? Ah ! mon cœur est brisé ! Pourquoi m'as-tu abandonnée ? Jamais, pour une seule minute, ta chère image n'est demeurée loin de ma pensée. Chaque jour je t'ai attendu ; je refusais toute nourriture. Je me meurs. Viens, viens ! Ne veux-tu pas de l'amour de Sémiramis Mulcahy ? Il est à toi. Si tu m'aimes, pourquoi suis-je contrainte de venir plaider moi-même la cause de mon amour jusque dans ce quartier vulgaire de la ville ? »

Apollon Belvédère, car nous ne donnerons plus désormais d'autre nom au mannequin, Apollon resta un moment suffoqué par l'émotion de son bonheur foudroyant. A la fin, des larmes brûlantes coulèrent en sillons délicieux, le long de ses joues luisantes et bien rasées de poupée sensible

— Tu ne réponds pas, continua Sémiramis Mulcaby avec exaltation, mais je vois que mes paroles t'ont touché. Apollon, tes larmes sont de gracieuses perles de rosée qui rafraîchissent mon pauvre cœur. Oh ! si tu avais pu voir la malheureuse Sémiramis languissant et dépérissant au milieu des merveilles de luxe

et d'art qui emplissent l'hôtel de son père millionnaire ! Sauve-moi Apollon, sauve-moi de la mort ! Tu viendras, n'est-ce pas? Je lis dans ton regard que tu viendras ; si tu refuses, je suis perdue !

Elle s'arrêta pour reprendre haleine. Mais ses yeux ardents dardaient sur l'ami de son cœur un regard qui pénétra jusqu'au plus intime du cœur d'Apollon. Elle attendit une réponse qui ne vint pas. Seulement l'expression éloquente du regard de la poupée disait assez sa réponse.

— Et moi, — pensa tout bas Apollon, — qui prenais

cette femme pour une perfide et une coquette! Je la suivrai jusqu'au bout de la terre! Qu'Abrahams se tire de là comme il voudra!

— Viens avec moi, Apollon, répétait Sémiramis

Mulcahy, dans l'extase du ravissement. Je suis riche ; viens, je te présenterai à ma famille.

Et ils sautèrent tous les deux dans le tramway qui les conduisit à la porte des Mulcahy.

Apollon fut admirablement reçu par les parents de

sa fiancée. Sémiramis en fut tellement heureuse que, par un effet magique de l'amour, elle retrouva d'un seul coup toutes ses belles couleurs et son aimable embonpoint.

On les maria à Grace Church, avec toute la pompe et toute la magnificence voulues.

Je pourrais donner ici la description de la toilette de la mariée, avec l'adresse des fournisseurs recommandés ; mais pas un n'a eu le flair commercial assez développé pour deviner quel succès aurait le récit de cette idylle, et aucune maison n'a songé à prier l'auteur de lui faire une réclame.

Quant à Apollon, il portait naturellement le fameux costume de dix-sept dollars et demi qu'il tenait de la générosité de M. Abrahams.

— Je n'aurais pu te voir un autre costume, ce jour-là, lui dit tendrement Sémiramis, en se jetant dans les bras de son mari. Souviens-toi que tu le portais le jour où je t'ai aperçu pour la première fois !

La cérémonie faite, la jeune femme jeta de nouveau ses bras au cou de son mari :

— Chéri, tu ne me quitteras jamais, n'est-ce pas ?

— Jamais, jamais, ma chérie ! répondit Charlie Mannequin, vaincu par tant de patience dans l'amour, et à qui une passion si extraordinaire avait fini par *rendre* la parole. . . . .

LA MINE PERDUE

LA MINE PERDUE

A Jules Cornély.

Pendant un séjour à Philadelphie, j'appris la formation d'un parti d'explorateurs qui préparaient un voyage topographique dans la région de l'extrême nord-ouest.

On étudiait alors un tronçon de la ligne du chemin de fer Nord Pacifique, et il s'agissait de découvrir un passage naturel à travers la formidable barrière des monts Cascades, contre-fort puissant de la Sierra Nevada, situé entre le versant du Pacifique et le fleuve Columbia.

Ce cours d'eau était, à l'époque, le point extrême relevé sur les cartes, et les ingénieurs avaient pour mission de vérifier si la gorge de la petite rivière Skagit, affluent de la Columbia, ne pouvait pas servir au tracé de la voie.

Cette gorge de la Skagit n'était connue que par

tradition ; aucun homme blanc n'ayant, croyait-on, pénétré si loin. On supposait qu'elle devait — si elle existait — courir parallèlement à la frontière de l'Amérique anglaise, à quelque 40 milles seulement de celle-ci.

En quelques jours, j'eus fait les démarches nécessaires pour être admis au nombre des explorateurs. Le rendez-vous était fixé à Watcom, dans la baie de Bellingham.

Trois ingénieurs civils au service de la compagnie, et un envoyé du gouvernement composaient notre petite troupe. Nous nous embarquâmes dans trois canots avec une escorte de dix Indiens, et nous commençâmes à traverser lentement l'immense baie.

Nos rameurs manœuvrant avec adresse sur les bas-fonds, nous passâmes ainsi les bancs de Swinom et arrivâmes à l'un des postes de l'agence indienne. C'est là que nous dressâmes nos tentes en plein marécage. Quel terrible pays ! Et quelle première nuit nous eûmes à passer ! Des légions de moustiques s'abattaient sur nous. En quelques instants nos corps ne formèrent qu'une seule cloque douloureuse. Vainement nous allumâmes des feux, dans l'espoir que la fumée tiendrait les moustiques à distance. Hélas, l'appât de la chair fraîche fut plus fort pour nos assaillants que la crainte de la fumée, et l'armée des tourmenteurs ailés ne lâcha prise qu'aux premières lueurs de l'aurore.

Seuls, les Indiens de l'escorte restèrent à l'abri des morsures. Et je me souviens du mot de l'un d'eux : « Ce n'est rien, fit-il avec dédain ; nous disons qu'il y a des moustiques, lorsqu'un bâton jeté en l'air, tombe à terre rougi de sang. » Et notre homme continua par des récits de chasses merveilleuses où il était question de daims gros comme des mulés.

Au matin, nous nous mîmes en marche vers la rivière Skagit, que nous remontâmes jusqu'au dernier établissement de trappeur blanc. Là, nous dressâmes les tentes, sous le dôme majestueux de gigantesques cèdres au feuillage d'un vert sombre, qui formaient un décor d'une grandeur sauvage.

Il restait encore deux grandes heures de jour. Je quittai le camp, courus à la rivière, sautai dans un canot, et passai sur la rive opposée, où des bûcherons pratiquaient une clairière dans l'épaisseur de la forêt. De rudes compagnons, ces travailleurs perdus de l'extrême civilisation, aux longues barbes incultes, au teint basané, aux joues amaigries, aux yeux enfoncés dans l'orbite. De hautes bottes en cuir éraillé leur montaient par-dessus le genou. Les torses nerveux se dessinaient énergiquement sous la flanelle décolorée de la chemise formant veste, ou sous les plis cassés raide des costumes en daim tanné.

En m'apercevant, ils posèrent la hache ou la scie, et vinrent à moi. Nous nous assîmes sur un tronc roulé à terre et causâmes en fumant :

« La besogne était rude. Chaque acre défriché coûtait à la compagnie plus de deux cents dollars — mille francs. »

A voir les troncs abattus, dont plusieurs n'avaient pas moins de 6 pieds de diamètre, ce chiffre ne me parut pas exagéré.

J'interrogeai les bûcherons au sujet de la gorge de la Skagit. Les Indiens parlaient vaguement d'une gorge de la Sauk. De celle de la Skagit, personne ne put me dire un mot.

Je quittai les bûcherons, et me mis à errer à l'aventure en suivant le bord de la rivière. . . . .

Flânant ainsi, je découvre tout à coup une hutte en tronc d'arbre — une *log house*, comme disent les Américains.

Assis sur un siège de bois, à l'entrée de la cabane, un homme blanc fume silencieux, sans quitter de l'œil deux petits enfants métis qui jouent dans le sable de la rive. Deux canots, attachés par des lianes à un tronc flottant, suivent la courbe gracieuse formée par le remous du courant. Je m'arrête machinalement. Et là, dérobé aux regards de l'inconnu par l'épaisseur d'un tronc énorme, je me laisse aller à la tranquille contemplation de cette scène naïve.

Sur l'autre bord, un parti d'Indiens entoure un grand feu où je distingue aisément d'énormes saumons entiers qui rôtissent, embrochés à des baguettes. Les peaux-rouges sont joyeux, ils rient aux éclats et causent avec vivacité.

Le groupe est curieux : sous le dôme de verdure, dans l'embrasement sanglant du coucher de soleil, les Indiens composent un tableau pittoresque, drapés de couvertures aux couleurs éclatantes, avec leurs chevelures noires, garnies de plumes d'aigle, leurs visages aux profils héroïques et leurs attitudes théâtrales.

Je suis bientôt arraché à ma contemplation muette par l'apparition d'une femme indiennede la tribu des *Têtes Plates* qui sort de la *log house*, passe devant l'homme blanc sans mot dire, et va droit à la rivière en poussant un cri guttural. A ce signal, les deux enfants métis abandonnent leurs jeux et courent vers la *squaw* [1].

Tous les trois continuant leur chemin jusqu'à la berge, sautent dans un canot; la femme saisit les avirons, gagne en quelques coups vigoureux l'autre bord, d'où les bambins s'élancent en gambadant dans la direction du rôti de saumon « à l'indienne. »

Je me montre alors, et marche vers l'homme blanc, resté seul devant sa hutte. Je me présente. L'homme sourit et me dit son nom.

Mettons Jackson, si vous voulez.

. . . .

Je vis tout d'abord que j'étais tombé sur un homme intelligent. De combien de questions ne m'accabla-t-il pas à la fois!

J'y répondis comme je pus. Jackson parut soulagé d'un grand poids, en apprenant que les travaux du chemin de fer Nord-Pacifique ne seraient pas commencés de sitôt.

— Vous allez rester à souper avec moi, me dit-il, et vous passerez la nuit dans ma hutte.

Je n'eus garde de refuser. Quel délicieux festin, fait d'une tranche exquise de saumon frais et d'une savoureuse laitue assaisonnée au gros sel!

Après le souper, chacun de nous prit une couverture, et nous voilà commodément installés sur un siège de bois, devant la hutte. J'allume un cigare,

[1] Femme, en langue indienne.

4

Jackson charge sa pipe, et nous causons comme de vieux amis.

Jackson me fait parler. « — Alors vous venez de l'Est? — de Philadelphie! Quel bonheur! Je suis né dans cette ville! Comme tout doit être changé depuis moi!... »

Je lui décris la ville que je viens de quitter. Et Jackson, avec un gros soupir, déplore sa vie stérilement usée sur les bords de la Skagit...

L'ombre descend. Bientôt, la lune se lève dans la brume qui flotte au-dessus des eaux. Le contour incertain de son disque se dégage lentement des vapeurs blanchâtres de la nuit. La soirée, superbe, prête aux masses d'ombres des grands cèdres une poésie mystérieuse, pleine d'un charme pénétrant pour un rêve d'un Parisien, hôte étonné de ces lointaines régions.

A quelques pas de nous, la rivière roule ses flots nacrés aux reflets de la lune, et chante sa chanson.

Sur l'autre rive, les Indiens Têtes-Plates ont achevé leur repas.

Roulés dans leurs couvertures, ils gisent immobiles autour du feu de bivac dont la flamme dansante éclaire les dormeurs d'un fantastique et bizarre reflet . . . .

. . . .

Il y eut entre nous un long silence. Puis, impressionné sans doute par la majesté de la scène, et cédant au plaisir de cette visite imprévue, Jackson devint sentimental :

— Vous vous demandez, n'est-ce pas, pourquoi je m'obstine à rester dans ces lieux sauvages? Je vais vous confier mon secret, comme à un ancien ami :

« Il y a de longues années, je *prospectais* sur la Rivière Américaine, à la recherche des *placers*. Dans notre troupe était un Indien qui nous servait de guide et de domestique. Bien traité, bien payé, le peau-rouge nous regardait comme des amis. Deux ou trois fois nous avions eu l'occasion de le tirer des mains des rôdeurs de prairie, qui, lorsqu'ils avaient bu de « l'eau de feu », cherchaient querelle à « notre » Indien. Et Jim l'Indien ne l'avait pas oublié.

« Quand il comprit que nous étions à la recherche du quartz d'or, notre ami devint songeur, et un soir, sous la tente de toile, il nous conta une vieille histoire de sa tribu :

« Celle-ci était établie sur le flanc Est de la Sierra-Nevada, chassant le bison et le daim, et et paissant ses troupeaux.

Enclavé dans le territoire de ces Indiens, se trouvait un grand désert, formé par l'ancien lit d'une vaste mer desséchée, — à quelle époque préhistorique ? — et entouré par une chaîne de hautes montagnes, aux pentes desquelles s'ouvraient de petites vallées. Chaque année, dans la belle saison, arrivaient des hommes blancs conduisant une longue file de mules chargées de caisses de charbon, et d'instruments pour creuser le sol.

« Ces « faces pâles » dressaient leur camp et commençaient à fouiller le sable, puis, ils allumaient de grands feux et faisaient fondre un métal blanc qu'ils divisaient en lingots, dont ils emplissaient leurs caisses. Des différends légers s'élevaient parfois entre les « enfants rouges » et les « faces pâles. »

Mais ces derniers se montraient d'ordinaire pacifiques et loyaux avec les Indiens. Le père du conteur observa que c'était toujours les mêmes « faces pâles » qui revenaient chaque année ; s'il en manquait un, ses compagnons, à toutes les questions, répondaient qu'il était mort.

« Les hommes blancs venus du Sud travaillaient tout l'été. A l'entrée de l'hiver, ils chargeaient leurs mules avec des lingots, s'éloignaient sans bruit par les défilés des montagnes, et l'on n'entendait plus parler d'eux jusqu'à la saison prochaine. Un printemps, les Indiens virent arriver une troupe de blancs plus nombreuse que celles des années précédentes.

« Les nouveaux venus étaient arrogants. Ils battirent un jour un peau-rouge, et la nuit suivante les *coureurs* de la tribu firent le tour du clan pour avertir les guerriers, au nom des chefs, d'avoir à se tenir prêts. On assembla le conseil, le sorcier fit sa *médecine*, et l'on décida le massacre des blancs.

« La nuit fixée, le plan des chefs fut suivi de point en point ; aucun blanc n'échappa au massacre. Les cadavres des étrangers servirent à combler les trous creusés dans le sol indien, les fourneaux furent détruits et dispersés ; on distribua les mules aux principaux de la tribu. Enfin, le sorcier prophétisa que si jamais un Indien révélait l'endroit où se trouvait enfoui le « trésor des morts », toute la tribu périrait par une maladie terrible. Les peaux-rouges firent serment de garder le secret de la mine des blancs... Depuis ce temps, aucun « face pâle » n'était revenu du Sud...

« Voilà, ce que nous conta Jim l'Indien, me dit

Jackson. Plusieurs fois pendant l'hiver, mes camarades et moi nous lui fîmes répéter son histoire. Jamais il ne varia sur un seul détail.

« Enfin Jim consentit à...

J'interrompis le conteur ;

— Arrêtez, lui dis-je, j'ai soif.

Je courus au bord de la Skagit. Je mis un genou en terre, bus une gorgée au torrent de cristal, et revins vers Jackson. Je rallumai mon cigare, il commença une nouvelle pipe. Nous nous roulâmes à nouveau dans nos couvertures et Jackson reprit son récit :

« Jim l'Indien consentit un jour à nous conduire à la mine. Nous avions compris, vous le devinez, que les hommes blancs venus du Sud, n'étaient autres que des Mexicains. Si l'argent vierge qu'ils trouvaient alors couvrait les frais de leur expédition annuelle, combien la mine, travaillée d'après les nouveaux procédés, ne vaudrait-elle pas aujourd'hui !

« Au printemps suivant, mes compagnons et moi nous vendîmes nos concessions sur la Rivière Américaine, nous achetâmes seize mules de trait et de selle, des provisions de bouche et nous partîmes après la débâcle des glaces. Jim nous servait de guide. Nous foulâmes bientôt le sol de ses ancêtres, un pays sablonneux, aride, à peine couvert de sauge-balai, peuplé de lièvres, de poules sauvages, de quelques rares bisons et de sauterelles géantes.

« Nous n'avions jusqu'alors aperçu aucun « frère » appartenant à la tribu de Jim, quand un matin, notre guide nous montra du doigt une rangée de collines, et nous dit que les « siens » étaient là. Il faisait chaud.

Jim nous conseilla de camper et d'attendre la nuit.

« Du fond de la gigantesque cuvette de sable s'ouvrant à perte de vue sous nos yeux, comme un immense chaudron, des vagues d'air chaud remontaient en lourdes bouffées que poussait vers le Sud une brise légère.

« Il me sembla que j'avais devant moi l'immense plaine liquide de cette mer disparue...

« Pour compléter la restitution physique du paysage préhistorique, sous l'action du vent, de petites ondes de sable se soulevaient, des colonnes se formaient, aussitôt détruites, donnant à cette plaine mouvante l'aspect changeant des eaux de la mer. Nous suivîmes l'avis de Jim, et dressâmes les tentes près d'un rivulet bordé de gazon.

« Notre guide nous dit de l'attendre, qu'il allait partir en avant pour voir les « siens », et leur annoncer notre arrivée. Nous devions nous mettre en marche à la nuit, pour éviter la chaleur. Jim partit. Le soir venu, nous continuâmes notre route pénible à travers le sable du désert, et nous arrivâmes en vue des tentes de la tribu qui couronnaient une petite colline. Dès le matin, Jim revint vers nous et nous dit de camper, parce que les guerriers de sa tribu refusaient de nous recevoir dans leur *village*. Jim avait l'air embarrassé. A nos questions pressantes, il finit par répondre que les chefs de sa tribu étaient entrés dans une grande fureur en apprenant le but de notre voyage.

« On avait décidé en conseil que si les blancs violaient le secret de la « mine des morts, » Jim serait massacré et la troupe de ses amis avec lui.

« Que faire ? Nous finîmes par décider notre guide à etourner vers les gens de sa tribu, afin de leur pro-oser un arrangement. Jim n'y consentit qu'avec une rande répugnance. A la nuit, notre messager n'avait as encore reparu. Nous apercevions distinctement out ce qui se passait dans le village indien ; les entes vides, les rues désertes et tous les « braves » iscutant avec animation autour du « feu du con-eil. »

« On distinguait la silhouette des orateurs débitant eurs harangues. Une heure, deux heures durant, le ébat se prolongea, bruyant, passionné. Ne voulant as attendre la fin qui semblait ne pas devoir arriver le sitôt, nous nous décidâmes à nous coucher ; mais e vacarme affreux qui arrivait du village ne laissa pas ue de nous tenir éveillés, fort inquiets sur le résul-at de notre message. Après une nuit passée dans des ngoisses que l'on devine, nous nous levâmes à l'aube. u camp indien régnait un profond silence ; mais Jim e venait toujours pas. Nous commencions à discuter es chances de notre fuite, quand Jim arriva bride battue.

« Il nous aborda joyeux et nous apprit que, sur ses eprésentations, le « conseil » avait pris la résolution e soumettre le cas au sorcier de la tribu, lequel avait a tente dressée à quelque vingt milles de là. Jim nous roposait d'aller trouver le saint homme et de lui xposer notre demande, sur laquelle le prophète pro-oncerait en dernier ressort. S'il y consentait, l'entrée le la mine nous serait révélée, sinon, la moindre entative de notre part dans la direction du trésor serait le signal de notre massacre.

« Incidemment, Jim nous répéta avec un honnête sourire qu'il y avait dans le village un parti puissant, décidé à en finir avec les « faces pâles » par un « scalp » général de nos chevelures.

« Nous voici en route pour la demeure du sorcier. Nous traversons pour y atteindre une longue suite de vallées désolées et de collines pelées. Enfin, à l'entrée d'un ravin, au fond duquel coule un maigre filet d'eau, nous découvrons une misérable hutte indienne, entourée de saules. Accroupi dans le coin le plus obscur de la hutte, le plus monstrueux spécimen de l'idiotisme indien, gît un vieillard sordide, décrépit, informe, à demi aveugle. C'est le prophète, le sorcier, le « saint » qu'il s'agit de convaincre. Nous dressons les tentes, et Jim part en ambassade.....

« Le sorcier refusa d'abord de rien entendre, mais Jim exhiba une livre de sucre, deux bouteilles de whisky, une boîte de café et trois paquets de tabac. La vieille momie consentit alors à s'animer et rendit l'oracle suivant :

« Jim conduira les « faces pâles » à une demi-heure de cheval de « l'endroit. » Si les « faces pâles » découvrent le lieu où est caché « le trésor des morts », le trésor est à eux. Si la volonté du Grand-Esprit est que les « faces pâles » ne trouvent pas le trésor, défense est faite aux « enfants rouges » de dévoiler le secret aux blancs, car, pour punir cette profanation, les âmes des blancs massacrés viendraient tourmenter les guerriers de la tribu parjure, et susciter contre eux une peste incurable. »

« Voilà tout ce que nous pûmes tirer du sorcier. Il fallait se résigner. Après avoir passé là nuit en ce lieu, nous nous mîmes en route vers le Sud, dès le matin, laissant nos mules et nos bagages à la garde du vieux prophète, et emportant en croupe nos provisions d'eau.

« Un jour entier nous fîmes route, traversant une région désolée, montueuse, tourmentée. Enfin, nous arrivâmes à une sorte de plaine, brusquement fermée par un chaînon de monts enchevêtrés les uns dans les autres. Nous fîmes encore deux milles dans la direction des montagnes, puis Jim s'arrêta court et nous dit de chercher en nous souhaitant bonne chance. Après quoi, il fit faire volte-face à son cheval, et, piquant des deux, s'éloigna au galop.

« Nous ne suivîmes pas aussitôt le conseil de l'Indien, mais commençâmes par chercher un emplacement pour dresser la tente. Nous en trouvâmes un, mais d'eau potable, pas un verre.

« Nous retournâmes sur nos pas pour rechercher nos bagages ; alors, nous tînmes conseil, mes deux camarades et moi.

« Il était clair que Jim refusait de se joindre à nous dans la crainte d'être scalpé par les Indiens. Nous partageâmes donc entre nous la besogne de la manière suivante : Deux de nous devaient *prospecter*. Le troisième s'occuperait du campement et préparerait les repas. Chaque semaine, les rôles seraient changés et, l'un après l'autre, les *prospecteurs* prendraient la place du troisième, resté de garde à la tente.

« Le lendemain, au point du jour, nous remplîmes nos bidons au ruisseau du sorcier, et regagnâmes l'endroit où Jim nous avait quittés la veille.

« Tandis qu'un de mes compagnons dressait la

tente, je partis avec l'autre, le pic sur l'épaule, pour commencer une première tournée d'inspection.

« Si l'histoire de Jim était vraie, si des Espagnols étaient venus autrefois du Mexique, tous les ans, pour exploiter une mine d'argent natif, située dans cette région, le chemin qu'ils suivirent alors devait avoir gardé leurs traces. Notre première pensée fut de chercher ce chemin, route ou sentier.

« Nous abordâmes donc résolûment la montagne, mon compagnon et moi, en tirant l'un à droite, l'autre à gauche.

« Je ne tardai pas à découvrir les vestiges très reconnaissables d'une ancienne route, disparue dans le sable qu'entraînent les pluies et sous la maigre végétation de ces régions stériles. Pas de doute possible. J'étais bien là dans la trace effacée d'un sentier, profondément creusé en certains endroits, et qui se dirigeait en ligne droite vers le Nord, pour aboutir vraisemblablement à une passe naturelle, qu'on apercevait au loin dans la montagne.

« Plein d'espoir, je m'élançai sur cette piste, certain d'être sur la vraie route du trésor. Espoir déçu! A quelques centaines de yards seulement, le chemin se divisait en une multitude de petits sentiers, disposés en éventail, et se perdant à travers la plaine.

« Ce chemin, pourtant, me semblait le bon, et je retournai au camp pour faire part de ma découverte à mes compagnons. L'autre *prospecteur* n'avait rien trouvé de son côté. On décida que j'étais sur la bonne piste.

« Nous nous mîmes aussitôt à l'œuvre. Des débris ne tardèrent pas à nous donner raison. Des restes de poterie, des douves de tonneau, un ancien foyer contenant encore des charbons à demi usés, tout indiquait le passage des hommes civilisés.

« Avec une ardeur, une ténacité infatigables, nous fouillâmes le sol sur une surface de plusieurs milles, tournant et retournant chaque motte de terre avec la pelle ou le pic.

« La seule découverte que nous fîmes, fut celle d'une petite source qui nous fournit l'eau dont nous avions besoin. Nous labourâmes ainsi le flanc des collines, le lit des ravins. De temps à autre nous rencontrions çà et là des débris d'ustensiles ayant appartenu à des blancs, ou d'anciens creusets qui disaient clairement : « On a passé par là avant vous! » Puis ce fut tout.

. . . .

. . . .

Jackson interrompit son récit, et se tournant vers moi :

« *By God!* combien valait-elle, cette mine? Combien de millions? Du minerai si pur qu'il suffisait de le faire cuire en plein vent pour le mettre en barre!

Il poussa un profond soupir et reprit :

« Pour couper court, nous passâmes trois années en quête de la « mine perdue. » Nous y engloutîmes notre argent ; les mules y passèrent, tout, tout, tout! A la fin de la première année, l'un de mes compagnons mourut. Le second continua les fouilles avec moi. La fièvre l'emporta. Je demeurai seul et poursuivis longtemps mes recherches... Si le récit de l'Indien était vrai ! Si je retrouvais la vieille mine des Espagnols venus du Mexique !...

« Que vous dirai-je? j'ai vieilli en ce lieu, je m'y suis établi. Je suis devenu un *squawman*, un homme qui vit à l'indienne. J'élève deux petits bébés que m'a donnés ma femme, cultivant, sur quelques pieds de terre, la récolte nécessaire à mon petit ménage. A quoi bon revenir dans l'Est ? Je suis oublié de tous, ayant oublié tout le monde, et cru mort sans doute par tous les miens !... J'ai depuis longtemps renoncé aux recherches... Pourtant, quelquefois je pense... Si Jim avait dit vrai !... Si je trouvais tous ces millions qui dorment dans la terre ! ... »

L'homme s'était levé, poussé par une exaltation fébrile, sa main frémissante montrait l'horizon qui nous entourait...

« Car elle existe, cette mine !... J'en suis sûr... Jim n'a pas menti... Oh ! l'entrée de cette caverne aux millions !... Dire qu'elle est peut-être ici près, à quelques mètres de nous... Sous mes pas peut-être ! »

Il frappait rudement de sa lourde botte le sol qui résonna sourdement...

Jackson se tut, prêta l'oreille un moment. Puis il se rassit avec un geste désespéré, s'enroula encore une fois dans sa couverture, aspira deux ou trois énormes bouffées de sa pipe mal éteinte, et me cria : bonsoir ! en me tournant le dos.

Je ne répondis pas.

La ruine de cet homme me sembla si profonde que je ne me sentis même pas le courage de lui donner quelques banales paroles de consolation. Je lui serrai seulement la main sans mot dire ; nous nous souhaitâmes mutuellement la bonne nuit, et, très ému, je fis mine de chercher le sommeil, tandis que je méditais sur cette étrange destinée...

LA LÉGENDE DE BILL ERIÉ

LA LÉGENDE DE BILL ÉRIÉ

A M. Blount, directeur de la Cie du chemin de fer de l'Ouest.

De New-York à Toronto, de Niagara-Falls à Cleveland, tous les employés aux bagages chantent le long de la voie ferrée la légende de « Bill Erié ».

Son vrai nom était William, dont ses amis avaient fait « Bill. » Le sobriquet d'Erié venait de ce que, *de son vivant*, William était employé aux bagages, sur la ligne du fameux chemin de fer du lac Erié dont le célèbre millionnaire Van-der-Bilt, est le richissime propriétaire.

Mais hélas ! « Bill Erié » est maintenant parmi les anges. Vous ne rencontrez plus sa face honnête dans les stations de la ligne, à l'entrée de la salle des bagages.

Oyez l'horrible histoire de ce modèle des employés. Oyez les émouvants incidents de la lutte héroïque et désespérée qu'il eut à soutenir contre la terrible « malle incassable. »

Coffre de modeste apparence, d'un ancien modèle, d'une simplicité perfide, aux dehors trompeurs ! A sa vue, « Bill Erié », terreur des bagages fragiles, eut un sourire de pitié.

« D'un seul coup de poing, pensa-t-il, je pourrais, chétive, te réduire en miettes ! »

Et Bill saisit la boîte fallacieuse, une main à chaque poignée, leva la malle comme une plume au-dessus de sa tête, puis lâcha tout...

Poum !

Oh ! surprise inattendue, résistance inexplicable !

La malle, à terre, est *intacte*.

« Qu'est-ce à dire ? » fait Bill étonné. Il prend son élan :

Plash !

Les grossières ferrures de ses souliers retombent lourdement sur la mince planche du couvercle.

Étrange ! Étrange !

Le bois plie et ne rompt pas ! *Cela n'est pas naturel*, se dit Bill. *Il y a quelque chose de cassé !*

Expression impropre. Métaphore ambitieuse !

Il n'y a rien de cassé !

L'âme de Bill est triste. La nuit son sommeil est agité.

Dix jours durant, dix nuits à la file, il exécuta, sur la malle récalcitrante, sa plus terrible danse de guerre. Dix fois, l'heure matinale où passe le lent et interminable *train de lait*, dix fois l'heure tardive

où l'express-éclair fait entendre sa cloche à toute volée, retrouvent Bill Erié obstinément attaché à sa besogne de Sysyphe.

Dans le silence et la méditation la cervelle de l'honnête employé s'use en combinaisons étranges. Comment venir à bout de cette résistance orgueilleuse? Bill Erié cherche, cherche longuement, fouille sa mémoire. Ne pourrait-il pas retrouver dans les leçons oubliées de son temps d'école, quelque moyen infaillible pour réduire la récalcitrante?

La onzième nuit, dans l'angoisse d'une insomnie atroce, Bill Erié se frappe le front. Il a une idée.

Esclave de son devoir, l'employé saute à bas du lit, et va réveiller son voisin le forgeron, auquel il emprunte une masse pesante, sous laquelle se brise comme verre le fer le plus résistant.

Bill rentre chez lui, sûr de son triomphe. Méthodiquement, il place le coffre sur le pavé de la cour,

puis saisit le manche de la lourde masse, prend son élan et :

Boum !

Etrange !

La masse se brise. Protégée par je ne sais quel enchantement diabolique, la malle reste fièrement debout, nargue son bourreau par sa contenance calme, impassible, pleine de dignité. . . . .

Comment raconter tous les efforts infructueux, les plans renversés de l'infortuné Bill ?

Quel fracas incessant, quel vacarme bizarre ! Décharges d'armes à feu, sourds gémissements du marteau à vapeur, ou de la presse hydraulique ! Mais rien n'y peut. La fatale malle est protégée par un charme invincible.

Bill devient triste, son teint jaunit, son dos se

voûte, son échine se courbe comme celle des vaincus,

soumis au joug; le chagrin fait fondre ses muscles, ses membres desséchés ne seront bientôt plus qu'un squelette.

Un soir, pourtant, son œil brille d'un éclat joyeux. Il a trouvé ! Doucement, avec un ironique sourire de compassion pour son ennemi, vaincu d'avance, il traîne jusque sur la voie, en travers des rails, le coffre ensorcelé. Ce n'est que bien juste s'il a le temps de fuir pour éviter le train express arrivant à toute vapeur. Cette fois, la « malle incassable » ne saurait échapper à son destin.

Et Bill Erié, abrité derrière un poteau télégraphique, attend avec confiance, savourant en son cœur le doux plaisir de la vengeance.

Un long coup de sifflet déchire l'air; la cloche, à toute volée, sonne le glas funèbre de la malle condamnée à mort. Un tonnerre de ferraille grinçante, un flot de fumée noirâtre. Le train est passé.

O prodige! La malle est entière. Deux ou trois pouces de plus en longueur, deux ou trois autres en largeur. Voilà l'unique résultat.

Alors, avec la noble grandeur des héros, Bill prend une résolution suprême : « Un roi vaincu ne doit pas survivre à sa défaite. Je suis le roi des démolisseurs de bagages. J'entraînerai avec moi mon ennemi dans la mort ! »

Il dit, et rassemblant les dernières forces que lui a laissées la lutte héroïque, il hisse la malle fantastique jusque sur la dernière marche de la tour de

Bunker Hill[1] et, de là, les yeux fermés, il s'élânce dans le vide, pressant contre sa poitrine le corps de son ennemi mortel. . . . .

. . . .

De New-York à Toronto, de Niagara-Falls à Cleveland, tous les employés aux bagages chantent

[1] Monument très élevé situé aux environs de Boston.

en vers de huit pieds la légende de Bill Erié. . . .

. . . .

La malle, restée incassable, dans la terrible chute qui broya le crâne de l'infortuné, sert de pierre tombale à ce martyr.

Sur la plaque de cuivre, on a gravé cette épitaphe, *adaptée* du grec des Thermopyles :

— Passant, va dire à Van-der-Bilt, roi des chemins de fer du Nouveau-Monde, que Bill Erié est mort pour venger l'honneur de sa compagnie.

LE DERNIER JOUR D'UN CONDAMNÉ

LE DERNIER JOUR D'UN CONDAMNÉ

A Séverine.

— Alors vous nous quittez! Nous ne vous verrons plus?

— Hélas! chère madame, il le faut. Demain matin, « irrévocablement et sans remise », à dix heures précises je serai pendu!

Si blasé qu'eussent pu me faire trois mois de cohabitation avec les Yankees, j'ouvris tout grands les yeux et les oreilles, à ce dialogue.

Je franchissais le seuil du cachot des condamnés à mort, dans la prison d'Humanityville. — Lieu bizarre, tenant plus encore du salon que de la cellule. Quelque chose qui me rappelait un parloir de pensionnat en province; fenêtres grillées, murs lavés de chaux, lourde serrure, puis, sur le parquet, une carpette encombrée de sièges de toutes formes.

Au milieu de la pièce, les unes assises, d'autres debout, mais toutes en luxueuses toilettes de visite, une dizaine d'élégantes *ladies* formaient cercle autour d'un seul *gentleman*. Ce dernier en tenue de gala, frac fleuri d'un gardénia, cravate de batiste raidie d'empois, claque chiffré jouant sous les doigts gantés de blanc.

— C'est l'assassin, me dit à l'oreille le detective qui me servait de guide — 10 dollars par jour, repas non compris.

Je retins mal un geste de surprise. Mon compagnon n'y prit garde et commença son métier de cicerone consciencieux : James Dux, dont le nom figurera parmi les criminels de la dernière catégorie, avait eu pourtant des débuts intelligents. Il eut en effet le bon esprit de ne s'attaquer d'abord qu'aux gens respectables (individus possédant 10,000 dollars et au-dessus). Quatre fois, grâce à cette habitude, il put voler la potence : à son premier meurtre, il acheta des témoins qui établirent son *alibi*; au second, il eut la chance de pouvoir *se concilier* les jurés ; en troisième lieu, il transigea directement avec le juge. Mais « l'affaire » suivante faillit lui coûter la tête. Les valeurs *trouvées* par Dux dans le coffre-fort d'un banquier qu'il assassina dans son *office*, furent reconnues fausses. James avait, par mégarde, tué un confrère. Dans l'impossibilité où il était, du fond de sa prison, de réunir la somme indispensable pour faire éclater son innocence, il fut déclaré coupable par un jury insuffisamment préparé. Il allait être exécuté, quand un sien camarade qui fondait une Institution de Crédit, fit offrir par son avocat le rachat à bas prix des *bank-notes* inutiles, se réservant de les écouler dans le public par ses correspondants des petites villes de l'Ouest. La somme ainsi réalisée, presque *in-*

extremis, suffità *désintéresser* le gouverneur del'Etat qui signa généreusement la grâce du condamné.

« Mais Dux ne se releva jamais de ce coup. Il ne se remit pas de la peur qu'il avait eue et se découragea. Ses facultés baissèrent. Son coup d'œil perdit de la netteté qui lui valait une légitime réputation et le plaçait dans l'état-major de ceux de sa profession. Il en vint à dépouiller les premiers venus. Et un soir, dans quelque faubourg écarté, il assomma grossièrement, à coups de marteau, un misérable vieillard sur lequel il ne trouva qu'une montre de nickel.

« Pris sur le fait, par le zèle maladroit d'un policeman novice qui crut ainsi se distinguer, James Dux fut traduit, pour la cinquième fois, devant le Grand Jury. Témoins accablants, défenseur distrait, tout fut contre lui. Les assises avaient lieu dans le fort d'un été brûlant. Tandis que les jurés savouraient le *whiskey cock-tail*, le juge Blackstone se leva au milieu de la fumée des cigares et prononça la sentence de mort, fixant à trois mois le temps accordé au condamné pour relire la Bible. Hier était le dernier jour de ces trois mois. »

J'avais écouté jusque-là sans broncher. Je ne pus me contenir plus longtemps :

— Et c'est là le condamné ? Sous ce costume ? Dans ce salon ? Entouré de tous ces égards ?

L'officier de police me regarda surpris.

— Oui, c'est Dux, reprit-il, après un silence. Il s'est converti, vous savez ! Toute la « société » d'Humanityville s'intéresse à lui.

« Nos plus riches *ladies* paient toutes ses dépenses. Il va faire une belle mort, bien sûr. C'est une victoire positive pour l'église baptiste. Vous allez voir une fin chrétienne ! »

La parole du detective avait quitté le ton de banale indifférence avec lequel il m'avait jusqu'alors débité son « boniment » de guide salarié. Sa voix prit un accent personnel qui n'était plus de son métier de montreur de curiosités. A l'idée de la conversion d'un pécheur, le sang puritain qui coule aux veines de tout bon Yankee s'éveillait chez l'honnête policeman.

Je dus lancer à mon compagnon un regard bien parfaitement ahuri, car son visage eut une expression choquée.

J'ouis un « *frenchman !* » étouffé entre ses lèvres, et qui disait clairement : « Ces Français sont des infidèles, des impies, sans foi ni loi. Ils n'ont jamais rien vu, et ne comprennent rien des choses honnêtes. » Sur quoi, je pris le parti de dissimuler mes impressions et j'observai le silence.

Cependant, l'assassin, reconduisant une visiteuse, vint à passer tout près de moi et je pus le voir en face.

Trapu, mal bâti, épais, visage couperosé, ravagé par le *whiskey*, front bas, œil fuyant, membres de quadrumane. La sinistre caricature que cet être bestial, grotesquement affublé du costume d'un homme de bonne compagnie, ses gros orteils osseux bossuant le vernis de ses escarpins, et sa tignasse laineuse empestant le *new mewn hay* !

Une dame s'avança, à demi cachée derrière une énorme botte de roses blanches, symbole de la pureté de l'âme. Mais comme elle essayait de balbutier un compliment pour présenter les fleurs à James Dux, e cœur lui faillit. Elle fut contrainte de se laisser ller sur un siège.

Le condamné, lui, avait reçu le bouquet d'un air nnuyé. Il le flaira distraitement et, par un geste déaigneux, l'envoya dans l'un des angles de la salle. 'aperçus alors seulement un monceau des fleurs les lus rares, empilées sans cérémonie. C'était la moison d'une journée de visites.

— Les pauvres créatures sont nerveuses, voyezous, dit James, avec compassion. Elles devraient rendre un verre de gin avant de se risquer ici.

— Je vous présente ma fille unique, Nelly Blacksone, dit très haut un gentleman à gros ventre qui endit l'assistance d'un air important, pour faire lace à une rougissante *miss* pendue à son bras.

— Celui-là, me dit à l'oreille le policeman, est le ıge Blackstone qui a prononcé la condamnation à ıort.

Le meurtrier échangea avec le juge une poignée de ıain cordiale et la jeune fille fit une révérence avec ne grâce empressée. Son doux visage de vierge semlait rayonner de plaisir.

— Papa m'a beaucoup parlé de vous depuis rois mois, dit la jolie enfant avec des mines mutines. e sais qu'il y a eu entre vous deux un petit débat; ıais ce n'est pas cela qui vous eût empêché d'accepter ıon invitation à dîner.

— En vérité, miss, la chose est impossible... A ıon grand regret, croyez-le, répondit Dux, avec un ros rire.

La jeune fille rougit et baissa les yeux.

— A moins, cependant, continua le condamné, que

monsieur votre papa ne consente à revenir sur son jugement.

— Ah ! James, s'écria le juge, avec un mélange d'aplomb professionnel et une morgue de palais, la chose est malheureusement tout à fait impossible, comme vous dites. Les affaires sont les affaires ; vous savez !

Et se penchant à l'oreille de Dux :

— Je ne le pourrais à cette heure, pour le double de la somme annuelle que me rapporte ma place de juge.

— Ce doit être, cher monsieur, une terrible chose que d'être pendu, interrompit la jeune fille.

— Un moment d'angoisse tout au plus, un très court moment, vous entendez, miss Blackstone, déclara le juge d'un air capable. J'aimerais à finir ainsi, ajouta-t-il avec une mélancolie rêveuse.

— Oui, mais à la condition d'être sûr de la machine, reprit doucement James Dux, et d'avoir affaire à un shériff connaissant son métier. A propos, juge, vous seriez bien aimable de veiller à ce que la corde soit convenablement graissée... Cela n'a rien de gai, vous savez, de penser qu'on pourrait avoir à donner, pour son propre compte, une seconde représentation de l'expérience du shériff Parnell de Philadelphie. Vous vous souvenez, cette bascule de son invention ? Il s'y prit si maladroitement qu'il laissa ce pauvre diable de Phelps gigoter à dix pieds en l'air, pendant plus d'un quart d'heure, au bout de la corde rompue, tandis que les *reporters* de la presse et les spectateurs les plus rapprochés étaient obligés de prêter la main pour achever le condamné [1].

[1] Historique.

— Soyez tranquille, mon ami, vous pouvez comp-er sur moi pour tout ce que je pourrai faire dans le ut de vous être agréable... Hélas! il n'y a qu'une hose qui n'est plus en mon pouvoir...

— Entendu, juge, entendu! James Dux n'est pas ne brute.

M. Blackstone s'éloigna, entraînant sa fille. J'obser-ai que cette dernière se retournait à plusieurs reprises, ans le but évident de rencontrer le regard de l'as-assin à la mode.

J'ai su plus tard que miss Blackstone envoya le len-emain, à la première heure, une corbeille de fleurs u condamné. « Encore des bouquets! s'écria Dux. Il 'y a décidément que cette pauvre Jane (sa maîtresse, ne fille de la plus basse classe) qui sache ce qu'il faut un homme libre pour l'aider à sauter le pas; car il 'y a que Jane qui ait eu le bon esprit de m'envoyer n *gallon* [1] de bon vieux *Bourbon whiskey*.

Cependant, un flot de visiteurs envahit la salle de éception. C'était une députation demandant à être ecue par le lion du jour.

L'orateur de la troupe marchait en tête. Il exhiba n écrin de maroquin rouge, rehaussé de filets d'or et résenta l'objet au condamné avec ce compliment :

« Cher monsieur Dux, permettez que le peuple 'Humanityville, et avec lui les membres du jury, e shériff, les différents officiers du Tribunal qui a ugé votre procès, les employés de la prison et gardes e police qui ont pris part à votre capture, vous ffrent ici, par ma bouche, un faible témoignage de

1 Deux litres.

l'estime que vous avez su inspirer à tous, par la résignation calme, l'attitude en tous points dignes d'un *gentleman* dont vous ne vous êtes départi ni pendant les longs jours de votre détention, ni au cours des débats si pénibles.

« En ma qualité de trésorier de l'église baptiste d'Humanityville, je dois par-dessus tout vous exprimer notre universelle admiration pour les sentiments vraiment chrétiens qui vous ont fait pardonner à ceux dont l'initiative a pu contribuer à amener votre condamnation. Acceptez, je vous prie, ce bijou modeste que j'ai le plaisir de vous présenter. Nous souhaitons qu'il vous soit agréable pendant les dernières heures de votre existence terrestre. »

James Dux avança les deux mains, par un geste noble, et reçut de celles de l'orateur un superbe chronomètre en or massif.

Il secoua fortement le bijou, par trois reprises, en le portant à son oreille :

— Elle marche ?

— Oh ! yes ! dirent les membres de la députation tout d'une voix.

— Remontée ?

— Oh yes !

— Payée ?

— Oh ! yes.

— Réglée ?

— Oh ! yes !

— Très jolie...

— Oh ! yes !

Ici les membres de la députation comprirent que la série des explications était épuisée. Ils se retirèrent discrètement, après être venus l'un derrière l'autre serrer la main du courageux M. Dux.

Une deuxième députation fut introduite. Après les saluts d'usage, le *président* de la procession débita un petit *speech* en ces termes :

« Je suis, cher monsieur Dux, le propre frère jumeau, ces dames et ces messieurs sont les proches parents et les amis intimes de Georges Brown que, dans la nuit du 30 novembre dernier, vous avez tué à coups de marteau pour le dépouiller d'une montre en nickel, d'une valeur de cinq dollars.

« Désirant faire connaître au public les sentiments d'admiration et de respect que nous inspire votre conversion, nous vous prions d'accepter le simple hommage d'un costume complet à votre usage. Nous considérerons comme une faveur précieuse de votre part que vous daigniez le revêtir pour la cérémonie de demain. »

James Dux cracha dans sa main le tampon de tabac qui gonflait ses joues, en fit entre ses doigts une boulette noirâtre qu'il lança d'un geste nonchalant sur la pile des bouquets entassés derrière lui, absorba une nouvelle provision de tabac frais et s'empara du paquet qu'on lui présentait. Il en déchira l'enveloppe de papier, déplia successivement un paletot, un gilet, un pantalon, et se mit à tâter le drap en connaisseur.

— Article anglais ? demanda-t-il, sans lever les yeux.

— Garanti pure laine ! clama le chœur des proches et des intimes.

— A la mode ?

— Dernière mode !

— Boutons solides !

— Très solides !

Comme il poursuivait ses recherches, un pli se creusa sur son front tout à coup. Et d'une voix où perçait l'indignation : « Les bretelles ? Je ne vois pas les bretelles, ni les boutons de manchette ? »

Les membres de la députation s'entre-regardèrent très mortifiés. Un colloque s'établit à voix basse entre eux. Deux des plus jeunes se détachèrent bientôt et disparurent. L'orateur alors, retrouvant son assurance, donna sa parole au condamné que les « articles » objet d'un aussi impardonnable, mais pourtant involontaire oubli, ne se feraient pas longtemps attendre.

— A la bonne heure, dit l'assassin ; ne parlons plus de cela.

Un sanglot mal étouffé se fit entendre dans le silence qui suivit ces paroles.

C'était la plus jeune des deux fillettes léguées en mourant au bonhomme Brown par son fils et qui, depuis l'assassinat du vieillard, se trouvaient doublement orphelines.

— Oh ! monsieur, disait l'enfant à travers ses larmes ; vous qui avez l'air si bien, comment avez-vous pu tuer bon papa ?

— C'est sa faute, répondit James avec bonhomie. Il faisait une telle parade de cette montre, en affectant de regarder l'heure quand toutes les horloges de la ville sonnaient à la fois ! Il y avait de quoi agacer l'homme le plus patient de la terre. Je n'ai pas résisté à la tentation de rabattre son caquet. Sans cette circonstance exceptionnelle, je serais mort de faim avant de songer à m'emparer de cette damnée montre !

— Les Brown ont toujours eu la folie des bijoux! exclama une dame à la poitrine anguleuse et plate, la tête coiffée en bandeaux noirs, la taille d'un cuirassier, avec des gestes hommasses, et qui n'était rien moins que la *présidente de la Société protectrice des assassins repentis.* — Pauvre homme! poursuivit-elle, en se retournant vers Dux. Il va mourir victime de cette déplorable vanité de notre parent. Pour ma part, je déclare qu'il est temps de faire une loi pour interdire aux femmes de porter des diamants au risque de provoquer l'envie des passants dans la rue.

— C'est vrai! appuya monsieur Anthropophile, secrétaire de la Société. Dieu lui-même n'y résisterait pas! Ayons le courage de le dire, c'est Brown qui fut le vrai coupable! Il a eu le sort qu'il méritait. Mais vous, M. Dux, donnez-nous quelques détails. Dites-nous comment vous vint cette tentation de vous défaire de lui... Pour lui prendre sa bijouterie avez-vous beaucoup souffert?

— Oh! oui, monsieur! Quand j'ai vu qu'il regardait l'heure, j'ai cru qu'il voulait me narguer de n'avoir pas de montre, insulter à ma pauvreté. Un citoyen de cette libre contrée ne supporte pas impunément la raillerie... Je ressentis d'abord comme un coup dans l'estomac, puis comme une espèce de pesanteur dans les jambes avec des lourdeurs de tête. J'essayai vainement de résister, je fis même un effort pour fuir. Hélas! je ne sais comment cela se fit; mais quand j'ai retrouvé tout à fait mon sang-froid, j'avais mon marteau levé sur l'homme qui m'avait insulté!... Enfin la chose est faite et maintenant je lui ai pardonné...

— Pauvre homme ! s'écrièrent les femmes présentes, d'un ton de profonde sympathie.

Et ce fut parmi elles à qui ferait un petit présent au condamné : « Prenez ce porte-monnaie, dit l'une ; — Et ce flacon de sel, dit l'autre. — Tenez ! ces gouttes de santé, dit une troisième. Elles sont souveraines contre l'asthme et la suffocation. »

Dux prit le tout qui ne tarda pas à rejoindre les bouquets. Un tumulte vint mettre fin à ces épanchements. Un pauvre diable, aux vêtements en loque, les joues creusées par un long jeûne, se débattait aux mains d'une douzaine de personnes très irritées :

— Je le tiens ! glapissait une voix de femme. Il cherchait à voler le pâté de lièvre destiné à Monsieur Dux.

— *Gentlemen*, suppliait le misérable, haletant ; *ladies*, je n'ai pas mangé depuis deux jours ! Et je n'ai jamais tué personne !

On le jeta dehors.

Un domestique nègre vint avertir que M. Dux était servi.

Tout le monde passa dans la salle à manger du directeur de la prison, qui avait obligeamment prêté sa vaisselle et son cuisinier pour le banquet.

Le condamné s'assit à la place d'honneur. A sa droite prit place le juge Blackstone, à sa gauche l'attorney du district (procureur). Un pasteur fameux prononça la prière dans laquelle on saisit quelques allusions éloquentes à la cérémonie du lendemain.

M. Dux but, mangea bruyamment. Son humeur joyeuse fut, pendant tout le repas, un objet d'admiration pour tous les convives distingués réunis autour de lui. De jolis quintettes et des soli très remarquables furent exécutés, entre chaque service, par la maîtrise d'une célèbre chapelle baptiste. Enfin, après les glaces, arrivèrent les *toasts*. Voici le plus court et le plus délicat de tous. Il fut prononcé par le frère jumeau de George Brown :

« *Gentlemen* et *ladies*. Notre aimable et *regretté* James va nous quitter. Puisse l'*ennui* du départ lui être adouci et sa douleur abrégée ! »

Dux se leva pour répondre :

« *Ladies* et *gentlemen*. Cette heure est la plus belle de toute ma carrière. Jadis, aux temps difficiles de mes débuts, rien ne m'eut fait prévoir que j'aurais un jour l'honneur d'être admis en aussi honorable compagnie ; — jusqu'au moment où j'ai abattu ce vieux Brown, — à qui Dieu fasse miséricorde ! La mort de ce pécheur a fait de moi un homme nouveau. Elle m'a, pour ainsi dire, donné une seconde vie. Sitôt ma condamnation prononcée, je me suis senti meilleur, et je puis le dire en toute franchise, j'avais auparavant vécu dans une profonde ignorance des joies que l'on éprouve à se sentir bon, avant le jour où j'ai fait ce qui me vaudra d'être pendu demain. O mes amis, je voudrais que vous fussiez tous des Justes comme moi. Cela rapporte beaucoup, voyez-vous, d'être religieux, de lire des traités chrétiens et de manger du poulet. Pour moi, le bonheur me dispose à l'indulgence envers tous ceux qui ont trempé dans *ce meurtre*, dont vous serez témoins demain, et je ne garde de ressentiment contre aucun de vous. Si on me laissait en liberté, je ne toucherais pas à un cheveu de la tête d'un petit enfant. Non, mais demain, Dieu merci, mes affaires seront en meilleur point que celles de n'importe qui, sur cette terre de péché. Oui, demain, je serai dans la compagnie des saints, des prophètes et des anges, plus puissants que le président des Etats-Unis, dans son palais de la Maison-Blanche. Je jetterai alors, du haut du ciel où j'ai droit à une bonne place, un regard de compassion sur vous, misérables pécheurs ! Et, tandis que j'y serai, moi, assis dans la gloire d'en haut, vous aurez encore, sur cette terre d'épreuves, à lutter contre vos mauvaises passions, pour gagner, par la mortification, une longue vie de devoir, un salut toujours incertain. C'est pourquoi, je vous le dis, en vérité, à la veille d'entrer dans la béatitude éternelle, je pardonne à tous de grand cœur ; je pardonne au juge, je pardonne aux jurés, je pardonne aux témoins qui, par leurs dépositions, causèrent méchamment ma mort. Je pardonne enfin au vieux George Brown, première cause de tout cela. Il ne reste pas dans mon cœur la plus petite goutte de fiel... »

Tout le monde pleurait.

— C'est un saint ! murmura le pasteur.

Quant au juge, assis devant quatre bouteilles de Cliquot de Californie, il cachait dans sa serviette ses yeux rouges d'émotion.

Comme je quittais la salle, après ce repas d'adieux, le clergyman fit à tous ceux qui avaient pu se procurer des places réservées pour l'exécution, la recommandation d'amener les enfants avec eux : « Ce juste qui va nous quitter trop tôt, versera dans les jeunes âmes plus d'onction que la parole de nos meilleurs prêcheurs. »

LE VRAI CHAPITRE DES CHAPEAUX

LE VRAI CHAPITRE DES CHAPEAUX

A Jules Guérin.

Une trop courte citation dans la bouche d'un personnage de Molière ; voilà tout ce que le temps jaloux nous a laissé de ce fameux traité d'Hippocrate, si malheureusement perdu pour l'histoire physiologique de la chapellerie universelle à travers les âges.

Nous avons conçu l'ambitieux dessein d'augmenter de quelque manière le maigre bagage d'information positive auquel a été jusqu'à nous réduite la légitime curiosité des sages sur un sujet si digne de méditation. Notre enquête a été laborieuse et patiente. *In-folios* poudreux, grimoires et parchemins oubliés, nous avons compulsé bien des documents ignorés ou négligés. En outre de ces moyens ordinaires d'investigation, nous avons encore, par d'habiles et modernes *interviews*, arraché aux chapeliers à la mode le secret de leurs doctrines personnelles.

Aujourd'hui, enfin, nous sommes fiers de le crier bien haut : grâce à nous, *le chapitre des chapeaux n'est pas tout entier perdu.* A défaut du texte précieux que ne rendra jamais sans doute la poussière des siècles, nos études approfondies ont retrouvé et

nous avons recueilli, pour les futurs érudits, la moelle des enseignements contenus dans ce livre admirable qui aurait suffi à rendre impérissable la gloire du Père de la médecine.

A quelle date précise le chapeau fit-il son apparition dans l'humanité civilisée ?

Il n'est pas improbable que le Père Adam ait usé d'un chapeau de jardin pour faire son tour au soleil dans l'Eden, après déjeuner. Bien que la Genèse soit muette sur ce point, n'est-on pas en droit de se demander comment, sans l'aide d'un *panama* ou tout au moins d'un *yokohama*, un homme que Jéhova lui-même jugea sage assez pour lui confier la mission de servir de chef à la famille humaine, aurait pu attraper les papillons qu'il destinait à ses collections ?

D'autre part, nulle allusion dans le livre sacré laissant supposer qu'Adam eût appris à tresser les mailles d'une résille ou d'un filet à papillons... Rien donc n'empêche de tenir pour logiquement démontrée l'existence du chapeau d'Adam. Et si l'on objectait qu'il est bien étrange que le rédacteur de la Bible ait fait le silence sur un détail aussi pittoresque de la biographie du Père des hommes, il n'est pas interdit de répondre que notre *premier confrère*, au moment où il revoyait sa *copie*, juste à ce passage, s'est peut-être vu assailli par une épouse acariâtre ou par quelque créancier matinal et intraitable. Mais nous en sommes, hélas, sur ce point, réduits à de simples probabilités, sans preuves décisives.

Les feuilles du figuier de Judée étant la seule matière première mentionnée par le livre saint, comme utilisée dans la toilette de l'époque génésique, il y a tout lieu de tenir ce feuillage économique et sain pour avoir exclusivement figuré dans la fabrication du chapeau d'Adam. Jusqu'à quel point serait-il hasardeux de supposer ces feuilles distribuées en couronne laurée, sur le modèle de celles qui ornèrent plus tard la tête de Jules César ou celle de Dante, sur les gravures placées au frontispice des *Commentaires* ou en tête du livre de l'*Enfer*, ou encore à la mode des effigies de Napoléon Ier sur les pièces d'or de 1810? Cette dernière opinion, nous ne faisons nulle difficulté d'en convenir, constitue à elle seule un anachronisme de première classe; mais l'anachronisme est, selon nous, un procédé de reconstitution historique à ne pas dédaigner. D'abord, il ne manque pas d'originalité; enfin, son nom même nous a toujours paru amusant à prononcer.

Mais revenons au chapeau d'Adam. Quelle espèce de chapeau? Knox de Londres, Léon de Paris n'existaient pas alors pour fixer les modes nouvelles. Un couvre-chef en feuilles de figuier, c'est charmant, de mai à septembre; mais l'hiver, Adam eut-il le pressentiment du chapeau Derby? Qui le dira?

Passons au déluge. Il est ridicule d'imaginer Noé sans chapeau dans sa maison flottante. Eût-il résisté, le crâne nu, aux averses de quarante jours et surtout de quarante nuits? Les documents font défaut en ce qui touche à la forme de ce couvre-crâne noachite, mais pourquoi le premier ivrogne n'aurait-il pas songé tout naturellement à celle d'un gobelet renversé?

Ici doit trouver place la grande loi générale qui régit les chapeaux présents, passés et à venir.

« Tout homme est semblable à son chapeau.

« Le chapeau d'un peuple est inspiré par le paysage. »

Dans les mystérieuses variations de son évolution à travers le temps et les générations, le chapeau est soumis à la loi immuable qui gouverne à la fois l'homme et la femme, les grenouilles et les hannetons; la loi immuable de l'influence des milieux, complétée de celle de la sélection naturelle.

Cette admirable loi est sans exception d'aucun genre. C'est ainsi qu'on voit dans la capitale fédérale de la grande république américaine les *colonels* politiciens se couvrir d'une coiffure spéciale, inspirée certainement par les *colonnes* du Capitole où les sénateurs et les représentants font trafic entre eux des votes et des fonctions publiques.

D'après une curieuse tradition, le premier indice qui amena la découverte de l'ivresse du pauvre Noé, fut l'état d'aplatissement dans lequel on trouva son chapeau sur le quai de débarquement du port d'Ararat, où le patriarche aborda après une longue et pénible traversée sur le steamer *Arche*, de la célèbre Compagnie Transdiluvienne.

Une autre version prétend que le chapeau du bon-

homme aurait été quelque peu écrasé par les danseuses de l'Opéra en s'asseyant sur le couvre-chef du vieillard, une nuit de bal masqué. Suivant cette seconde tradition, le chapeau de Noé aurait été le père des chapeaux à claque.

Mais nous écrirons un jour, dans un chapitre spécial, l'histoire des chapeaux célèbres.

Ce qu'il est urgent de démontrer par des exemples, c'est la loi darwinienne de l'*influence des milieux* et celle des *sélections naturelles*.

Voyez Isaac Laquedem, un des descendants les plus célèbres du père Noé, et qui, sous le nom populaire du Juif-Errant, a fait gagner tant d'argent à Eugène Sue et aux images d'Épinal.

Pendant une longue suite de siècles, depuis les ghettos du moyen âge jusqu'aux livres de M. Drumont, lui a-t-on fait assez de misères, à ce pauvre Laquedem! Tous les passants ont montré le poing à l'hébreu nomade. Combien de fois ne s'est-on pas contenté de le *montrer!* De la rencontre de ces poings avec le gibus du voyageur est né le chapeau juif, adopté par les *chands d'lorgnett's* et les barons de la finance.

Prenez maintenant le paisible habitant du Tyrol. Quelle est son occupation favorite? N'est-ce pas de fumer sa longue pipe de porcelaine, les coudes à côté d'une pinte de bière, le regard noyé dans la contemplation de ses montagnes. Perdu en une rêverie inconsciente et distraite, l'honnête montagnard est à cent lieues de soupçonner que le chapeau, si crânement planté sur sa tête d'homme libre et paresseux, est une exacte reproduction miniature de ses pics chéris. Le premier Tyrolien qui fit un chapeau n'y vit bien sûr pas malice.

Mais, en Amérique, où tout le monde est perspicace

et observateur, le fait n'a pu passer inaperçu. Et quand un New-Yorkais rencontre par les rues de sa ville un homme coiffé d'un tel couvre-chef, il est toujours tenté de l'arrêter pour lui demander (avec la politesse qui caractérise les habitants de la Métropole) : « Étranger ! Qu'as-tu fait de la montagne qui va avec le chapeau ? »

Pendant ce temps, l'esprit simple et naïf du bon paysan du Tyrol s'émerveille très sincèrement du succès obtenu sur l'autre rive de l'Atlantique par ses humbles montagnes natales. Un instant de réflexion suffirait néanmoins au trop modeste chasseur de chamois, pour lui faire comprendre que ce n'est raisonnablement pas besogne ordinaire, après tout, que d'importer ainsi quelques-unes des cimes tyroroliennes avec un chargement d'émigrants.

Une tentative de ce genre eut lieu cependant, il y a peu d'années. Soixante-quinze Tyroliens de la principauté de Grog-à-l'Eau-de-Sedlitz, au moment de prendre le bateau pour l'Amérique, éprouvèrent un tel chagrin de quitter leurs pics tant aimés que l'un, se dévouant pour ses camarades, mit la chère montange de leur village sous son bras et l'emporta. Le fait n'a rien de véritablement invraisemblable, si l'on réfléchit à la force musculaire développée par l'air oxygéné des monts du Tyrol.

Son Altesse Sérénissime le Grand-Duc fut consterné à la nouvelle de cet enlèvement. Suivi de quelques fidèles, il s'élança sur les traces des fuyards qu'il atteignit dans un joli vallon en *itz*, où il les tailla en pièces. Un seul échappa. C'était justement celui qui avait la montagne sous son chapeau. Il parvint à gagner New-York ; or, la veille, le Congrès venait de voter des droits exhorbitants sur l'entrée des monts et collines. La douane confisqua cet objet d'importation, faute par le pauvre Tyrolien de pouvoir acquitter les droits. Cette colline est devenue le *mont Washington*, en face Fort-Lee, sur l'Hudson.

Une si malheureuse tentative semble avoir eu pour résultat de décourager à jamais les autres Tyroliens de se promener ainsi de par le monde avec leurs collines sous le bras comme une simple valise.

Voyons, si vous voulez bien à présent, la vieille terre d'Asie. Là encore nous voyons la loi des milieux déterminant la forme du couvre-chef adopté par les vrais croyants, au même titre que celle des politiciens rusés ou des Tyroliens ingénus.

Supposons qu'un touriste *giaour*, flânant à Damas ou à Téhéran, se laisse aller au plaisir de qualifier un musulman par l'épithète caractéristique de « vieille tête de mosquée ! » Croyez-vous que le sarrasin n'aura pas le droit de se fâcher, surtout si cette phrase est prononcée en arabe ou en turc, auquel cas, le moindre accident qui puisse arriver au *giaour* est de s'entendre appeler *chien, fils de chien*. Je sais bien que si vous ne parlez que l'américain, il n'y aura que demi mal. Mais si l'on vous empale, ou si l'on vous coud dans un sac et qu'on vous lance après cela dans le Bosphore, voilà qui se comprend très bien dans la langue internationale naturelle, et vous maudirez votre sort en recommandant votre âme à Mahomet.

Cette épithète de « vieille tête de mosquée » n'a pourtant rien en soi d'exagéré, ni de blessant, ni

même de particulièrement désobligeant. Elle est au contraire très justifiée, et il faut l'abrutissement des peuples par le Coran, pour que les musulmans ne se soient pas depuis longtemps aperçu de la ressemblance complète qu'il y a entre ces deux sœurs sarrasines, une tête de turc coiffée du turban, et la coupole d'une mosquée.

On le voit, tous les chapeliers du vieux monde suivent la loi découverte par Aristote et retrouvée par nos études laborieuses.

Nous avons gardé pour la fin l'Amérique. C'est le pays du progrès et du mouvement; il aura bientôt fait de rattraper les autres.

Eh bien, malgré ses prétentions à un affranchissement absolu des usages et des routines, malgré ses

hymnes à la liberté, voyez! les Yankees sont, aussi bien que les autres, les esclaves de cette loi de sélection, pour ce qui concerne la forme des chapeaux.

Qu'est-ce, en effet, qu'un Américain?

C'est un Irlandais qui a émigré.

Que voit-on dans un paysage américain?

Des cheminées sur les usines, sur les bateaux, sur les chemins de fer.

Eh bien, regardez le chapeau de l'Irlandais, et soyez-en convaincus, Darwin est un grand maître.

Je le propose comme patron des chapeliers scientifiques et je demande à M. Charles Floquet, ministre d'hier, et à Tony-Revillon, ministre de demain, de faire accepter ma proposition par le conseil municipal, à l'occasion du centenaire de 89.

FLIRTATION D'OUTRE-TOMBE

FLIRTATION D'OUTRE-TOMBE

À *Armand Silvestre.*

Commodément assis dans ma *rocking chair* de bambou, sous la vérandah du *cottage*, dont j'avais fait mon *home* champêtre, je rêvais après le thé, en face du paysage admirable.

Baignés des rayons du soleil couchant, s'étendaient, à perte de vue, les pelouses, les bosquets, les vergers, les pâturages ; à mon oreille arrivait la chanson des clochettes tintant au cou des vaches robustes, qui rentraient, la mamelle gonflée. Une brise caressante courbait doucement les épis dont les pointes se couvraient d'une hâtive et chaude teinte d'or fauve.

Involontairement, me vint la pensée que tout cela serait un jour à moi.

Depuis deux ans, j'étais le mari de Madeline, la nièce du bonhomme Hinckmann, maître de ce beau domaine.

John Hinckmann, célibataire fort âgé, n'avait pas vu d'un bon œil ce mariage qui devait lui enlever la maîtresse de son ménage de garçon.

Il n'y avait donc pas grandes chances pour que l'oncle John nous couchât jamais sur son testament.

Cependant, l'avant-veille du mariage, le vieillard nous offrit de vivre avec lui dans sa maison ; nous acceptâmes.

En place d'un *gentleman* citadin contre lequel, par avance, il éprouvait une aversion méprisante, l'oncle John fut surpris de trouver en moi un homme décidé à être fermier sans arrière-pensée. Au bout de la première semaine, j'avais fait sa conquête. La certitude que son bien aurait quelque jour un maître digne de lui, charma le bonhomme. Un matin, le juge de paix fut invité à déjeuner au *cottage*, et, après le café, il rédigea un testament, par lequel John Hinckmann reconnaissait pour sa légataire universelle Madeline, ma femme.

Or, le soir dont je parle, oncle John était depuis une semaine au lit, très bas. Madeline et moi, nous étions très affectés de sa perte prochaine et inévitable. Nous eussions bien volontiers gardé le vieillard auprès de nous, des années et des années. Mais telle est la vie, qu'il faut partir un jour de ce monde et se quitter pour toujours ! Et par un sentiment de lâcheté humaine, tout en ayant pour l'oncle agonisant une tendresse très sincère, nous ne pouvions nous empêcher de songer que les mesures prises par lui nous assuraient une existence douce et agréable pour l'avenir. Qu'on n'aille pas nous accuser pour cela d'égoïsme, de sécheresse de cœur, mais qu'on se mette plutôt à notre place un instant...

Voilà comment, tout en me balançant dans ma *rocking chair*, je rêvais à l'avenir.

Une *sensation* singulière m'arrêta court dans mes songeries de futur propriétaire. Une main se posa sur mon épaule. Etait-ce une main? Non, pas exactement, mais, j'eus *l'impression* que, si *l'être* qui *était là* avait pu le faire, il m'eût touché l'épaule de la main. C'est cette *intention* que je perçus distinctement; je me retournai. Près de moi se tenait une forme d'homme, de haute taille, vêtu d'un costume d'officier russe. D'un bond je fus sur pied, mais ne dis mot. Je compris que j'étais en présence d'un spectre, d'un véritable fantôme.

Quelques années auparavant, ce lieu avait été hanté. Je le savais, car, à plusieurs reprises, j'avais *vu* l'ombre de mes propres yeux, puis, quelque temps avant mon mariage, le spectre avait disparu.

Par une coïncidence singulière, dans ma rêverie si subitement interrompue, parmi les pensées agréables dont se berçait mon imagination, se trouvait justement l'espoir d'être pour toujours débarrassé des visites de ce fantôme.

Et voilà subitement le spectre qui reparaissait! Sous sa forme nouvelle, je vis pourtant que c'était bien le même. Lui, sans doute, lisait dans ma cervelle.

— Me reconnais-tu? demanda-t-il.

— Oui, dis-je, bien que tu aies pris une autre apparence, je le sens, tu es bien le spectre qui m'es apparu déjà.

— Tu as raison, dit le fantôme, je suis charmé de te voir si bonne mine. Mais à ce que j'ai compris, Hinckmann est au plus mal.

— Oui, répondis-je, il est âgé et très malade. Mais, Dieu merci, j'espère que mon oncle n'a rien à voir avec tes projets !

— Non, non, dit l'ombre, je n'ai ni projet ni plan qui l'intéressent, je suis du reste très satisfait de ma présente condition. Je suis *de service* pendant la journée, et la différence entre l'heure de Moscou et celle de New-York, me permet de venir ici au soleil couchant pour visiter ces lieux qui m'ont été jadis familiers, et qui me sont encore agréables à revoir.

— Mais pour qui les frais de ce brillant uniforme ? demandai-je en plaisantant.

Le fantôme sourit :

— Afin de me justifier de toute prétention personnelle, je dois avouer, répondit-il, que je cherche à faire obtenir à un ami la place de spectre dans cette maison. Mon protégé a d'ailleurs toutes les chances.

— Grands Dieux ! m'écriai-je, est-il possible que ce lieu soit destiné à être hanté après la mort de mon oncle ! Quel forfait a donc commis cette famille pour être tourmentée d'une si horrible façon ? Tous les décès cependant n'amènent pas forcément un spectre dans les maisons ?

— Oh ! non, appuya le fantôme. Il y a des milliers de *positions* pour spectre, qui ne trouvent pas de titulaires. Cependant, comme la place ici est excellente, il y a beaucoup de demandes. Mais je suis sûr que vous serez satisfaits de mon ami, s'il l'obtient.

porte sur ses concurrents. Il vous plaira beaucoup.

— Nous plaire ! Un revenant !

Cette pensée me donna le frisson. Le spectre perçut évidemment l'impression pénible qu'il m'avait causée, car son *visage* prit une expression singulièrement compatissante.

Comme je l'examinais avec curiosité, une idée me vint. S'il fallait nécessairement qu'un fantôme fût attaché au *cottage*, j'aimais autant celui-là. Il y avait peut-être moyen d'inaugurer un service double dans le monde spectral. Mon officier russe avait ses journées prises à Moscou et ses nuits libres. Eh bien, ne pouvait-il cumuler les deux emplois ? Je lui en fis la proposition catégoriquement.

— Non, répondit le revenant, la chose ne peut s'arranger de la sorte. D'abord, le jour et la nuit ne se partagent pas convenablement entre la Russie et et l'Amérique. Et puis, la consigne de cette maison est d'être présent de jour comme de nuit. Tu te souviens de m'avoir vu à n'importe quelle heure.

Il disait vrai, et c'était doublement désagréable pour moi. Le poste de fantôme dans la maison était un poste de première classe !

— Comment se fait-il, demandai-je, que l'âme de chaque mort ne soit pas tout naturellement choisie pour faire *ce qu'il y a à faire* dans sa propre maison ?

— Et comment, riposta le spectre, une ombre obscure, sans relations, sans expérience, sans influence, pourrait elle l'emporter sur des rivales bien appuyées, au courant de tous les procédés pour arriver ? Sans doute, il est des cas où un revenant devient fantôme officiel dans sa propre maison, mais c'est seulement parce que la place est mauvaise, ou qu'il n'y a aucun prétendant.

— Et ce *nouveau* qui m'est annoncé, fis-je, non sans un certain trouble, prendra-t-il la forme de M. Hinckmann? Si ma femme l'aperçoit, elle en mourra.

— Celui qui viendra hanter votre *cottage,* dit mon interlocuteur, ne prendra pas la forme de M. Hinckmann, je suis heureux de pouvoir vous le dire, si cela vous est agréable, car vous êtes le seul homme avec lequel j'aie jamais eu un entretien aussi cordial. Adieu!

Ces mots étaient à peine prononcés que l'officier russe n'était plus devant moi.

Je demeurai quelques instants à rêver à cette aventure. Sur mes brillants projets de tout à l'heure, une *ombre* s'était étendue. Non, ce beau domaine n'arriverait pas jusqu'à nous, libre de toute servitude. Notre futur héritage était grevé d'une horrible hypothèque, l'hypothèque d'outre-tombe!

Madeline était en haut dans sa chambre, avec Pegram. Pegram était notre bébé, notre petit garçon chéri. Je détestais ce vilain nom, mais il était de tradition dans la famille de ma femme, et elle avait tenu absolument à en affubler notre enfant. Madeline était positivement *infatuée* [1] de Pegram. Dès que je croyais avoir cinq minutes de tête à tête avec ma femme, Pegram ruinait tous mes projets. Il y avait bien la nourrice, et la sœur de Madeline, mais cela n'empêchait ma femme d'être si fort *pegramisée*, que

[1] Américanisme.

la plupart de mes instants de loisir à la maison se passaient dans la société de moi-même, ou dans celle de l'Oncle et de Belle.

Belle, la sœur de Madeline, était une charmante jeune fille, pas tout à fait aussi jolie à mes yeux que sa sœur, mais peut-être tout autant aux yeux des étrangers, et certainement aux yeux de Fred Bridgeman, vieux camarade de collège à moi, habile ingénieur, alors en mission dans l'Amérique Centrale. Fred était le prétendu déclaré de Belle, et bien qu'il n'eût point été, à cette époque, officiellement agréé, Madeline et moi faisions ouvertement des vœux pour lui, avec toutes sortes de projets de vie commune pour le moment de son retour.

Tel était le bel avenir d'existence tranquille en famille, que venait menacer l'apparition d'un fantôme!

Au bout d'une semaine, l'Oncle mourut. Nous le pleurâmes de tout notre cœur. Puis, le calme se fit à nouveau dans notre *cottage*. Bientôt, je ne sais pourquoi, la pensée me vint que je devais me préparer à la visite du fantôme, et cette idée m'enleva toute sécurité. La promesse que le revenant ne prendrait pas la forme de l'oncle défunt n'était qu'un faible adoucissement à mon inquiétude.

Plusieurs semaines se passèrent. Je ne voyais rien venir. Je finis par me dire que mon fantôme avait renoncé à sa tournée.

L'été était maintenant dans son plein, le temps superbe. Une après-midi, je me disposais à aller faire un tour aux champs. Je proposai à la sœur de ma femme de m'accompagner. J'eusse préféré emmener

Madeline; mais il y avait encore je ne sais quel ouvrage important pour ce tyran de Pegram. Et, laissant Madeline *pegramiser* à son aise, j'allai à son défaut, faire ma proposition à Belle. Je comptais bien utiliser la promenade pour glisser un mot en faveur du pauvre Bridgeman exilé chez les *Greasos* [1].

Mais Belle, toujours prête d'ordinaire à me tenir compagnie, se montra, cette fois, peu disposée à la promenade.

— Je n'ai pas envie de sortir, dit-elle.

— Cependant, vous avez mis votre chapeau?

— C'est que je vais aller lire dans le bosquet.

— Lire? Et quel livre, je vous prie? demandai-je en jetant un coup d'œil sur ses mains qui tenaient une ombrelle.

— Quel homme logique! riposta Belle, d'un ton sec. Je vais en chercher un dans la bibliothèque.

Elle s'enfuit en courant.

Cet embarras inusité me parut singulier. Belle allait évidemment sortir, et n'avait pas voulu de ma compagnie. Cela était clair; mais la raison?

En rentrant le soir, on me dit que Belle était sortie avec un livre et n'avait pas reparu.

— Je vais aller au-devant d'elle, pensai-je en moi-même.

J'arrivais à un bosquet, planté contre la pelouse; je découvris ma belle-sœur tout-à-coup. Jugez de mon étonnement. Belle n'était pas seule. Debout, appuyée

[1] *Graisseux*, surnom méprisant donné aux Américains du Sud par les Yankees.

En retour, les Mexicains désignent les Américains du Nord par le surnom de *Gringos*, grincheux.

contre un tronc d'arbre, elle causait avec un jeune homme dont je ne voyais que le dos et le chapeau, crânement posé sur l'oreille. A sa main, l'inconnu tenait une cravache, et ses jambes s'enfonçaient dans une paire de hautes bottes à l'écuyère. Belle était engagée, paraît-il, dans une conversation du plus haut intérêt, car elle ne s'aperçut pas de ma présence. Pour moi, j'étais encore plus choqué que surpris. Il était évident que Belle se cachait de nous pour voir cet homme, et qu'elle lui donnait des rendez-vous.

Désireux de ne pas être vu de ma belle-sœur, je m'éloignai aussitôt, fis une centaine de pas en arrière, dans la direction du *cottage;* puis j'appelai Belle à haute voix. Elle ne tarda pas à me rejoindre, seule, comme je m'y attendais.

— En vérité, il est donc si tard ? dit-elle d'un air étonné, après avoir consulté sa montre.

— Vous êtes-vous bien amusée avec votre livre ? demandai-je.

— Je n'ai pas lu tout le temps, répondit Belle, très simplement.

Je ne poussai pas plus loin l'interrogatoire. Ce n'était pas mon rôle, mais je fis part de ma découverte à Madeline. Quand il le fallait, ma femme savait très bien se *dépegramiser*. Elle prit à cœur cette nouvelle que sa sœur cherchait à nous tromper.

— Je sortirai avec Belle, me dit ma femme, et si « cette personne » se présente, ma sœur ne la verra pas seule.

Le lendemain après-midi, Belle partit, un livre sous le bras, avec son ombrelle. Elle n'avait pas fait vingt pas dans le jardin, que sa sœur la rejoignait et faisait route avec elle vers le bosquet. Les deux promeneuses rentrèrent pour souper et ma femme me dit à l'oreille : — Il n'y avait personne.

— Mais, vous a-t-elle parlé de ce jeune homme qui causait hier avec elle ?

— Elle ne m'en a pas soufflé mot, bien que je lui aie offert vingt occasions. Je me demande, mon ami, si vous ne vous êtes pas trompé.

— Sûrement non. J'ai vu l'homme comme je vous vois.

— Alors, Belle en use bien mal avec nous. Si elle désire voir quelques jeunes gens, qu'elle le dise, nous les inviterons.

Je trouvai de trop cette dernière proposition. J'avais mis dans ma tête que Belle serait un jour ou l'autre madame Fred Bridgeman, et ne désirais nullement voir la place de mon ami prise par quelque freluquet du pays.

A la fin, nous résolûmes, ma femme et moi, de laisser Belle faire comme elle l'entendrait. C'était là des affaires qui ne regardaient qu'elle après tout, et nous nous en rapportions à elle-même du soin de parler quand elle le jugerait à propos. Nous la laissâmes donc partir presque chaque jour, son livre sous le bras, après le déjeuner, nous gardant bien de faire la moindre allusion à ce goût nouveau pour la solitude et l'étude.

Une nuit, j'étais couché, ma femme m'éveilla tout à coup et me dit :

— Écoutez ! A qui Belle parle-t-elle donc ?

La chaleur était brûlante, chaque croisée ouverte, ainsi que la porte, et l'on distinguait clairement la voix de Belle causant avec quelqu'un dont je ne pouvais saisir les répliques.

— Il faut que je me lève et que j'y aille, dit Madeline.

— Non, non, répondis-je.

A la hâte je passai un vêtement, descendis l'escalier, et me dirigeai du côté de l'appartement occupé par Belle au rez-de-chaussée.

Sous la fenêtre, le visage en l'air, son chapeau sur l'oreille, et sa cravache à la main, je reconnus le jeune homme que j'avais surpris causant avec Belle dans le bosquet.

— Eh, là bas ! criai-je d'une voix forte en me précipitant vers lui.

Il se retourna, et je pus voir son visage bien en face. Jeune, avec des traits charmants, éclairés d'un sourire ironique, il semblait dire quelque chose de très spirituel. Sans achever sa tirade, ni vouloir m'attendre, l'inconnu s'élança vers un taillis. Je le suivis, mais quoique je fisse, je ne pus l'atteindre. Après une dizaine de minutes de recherches à travers les groseillers, je me décidai à rentrer. Toute la maison était sur pied ; Pegram criait, ma femme s'efforçait de le calmer, les autres domestiques couraient. Dans la chambre de miss Belle régnait un calme parfait. Madeline, qui s'était éloignée pour aller voir, revint et me dit que sa sœur dormait comme une enfant.

Le lendemain, j'essayai de provoquer une explication.

— Vous avez entendu le bruit cette nuit, Belle ?

— Oui, dit-elle avec un ton d'indifférence. Et avez-vous atteint l'homme ?

— Non, repris-je, furieux du ton de sa réponse. Et je le regrette.

— Qu'eussiez-vous fait ? demanda Belle.

— Je ne sais, dis-je impatienté, mais il aurait compris que je n'aime pas voir les étrangers rôder autour de la maison.

Belle ne souffla mot, mais garda son attitude tranquille.

Décidément, elle se cachait de nous, sans plus tenir compte de notre anxiété. Elle savait que nous connaissions son intrigue, et elle nous laissait dans l'inquiétude !

Quant à ma femme, elle refusa d'aborder le sujet avec sa sœur : « Je m'en garderai bien, dit-elle ; je connais Belle, mieux vaut attendre. »

J'étais dans une grande perplexité, en dépit de mes préférences pour l'ami Bridgeman. Si la nouvelle connaissance de Belle était « acceptable », mieux valait en finir, dût-on sacrifier mon ami ; seulement plus je songeais, moins je trouvais le moyen d'éloigner l'inconnu.

Comment empêcher deux personnes de se voir quand je n'avais aucune autorité sur elles ? Je ne pouvais pourtant pas tirer sur l'intrus ; force m'était de patienter. Machinalement, j'en vins à penser que l'esprit familier qui hantait la maison devrait bien avoir en ce moment la fantaisie de se montrer ; il pourrait peut-être me prêter son aide. Il n'avait qu'à se mettre en tiers dans le tête à tête des amoureux. J'avais appris à mes dépens, quand j'étais jeune, combien la *flirtation* est chose incommode en de telles conditions.

Plusieurs jours durant, je passai mes soirées à fouiller du regard les moindres coins de ma chambre avec l'espérance vague de voir surgir le fantôme dont j'avais d'abord tant redouté la venue. Si j'avais pu retrouver celui qui était maintenant de service en Russie !

Un soir, j'étais dans le jardin, où je promenais mes incertitudes et mes réflexions quand, au bout d'une allée, je me trouvai subitement en présence du jeune homme que j'avais aperçu causant avec ma belle-sœur et qui nous donnait, à ma femme et à moi, tant d'inquiétude. Je ne pus contenir mon indignation. La lune était à demi couverte par les nuages ; je crus néanmoins retrouver dans le jeune homme le même air de jactance qu'il avait à notre première rencontre. Son chapeau était toujours aussi crânement incliné sur l'oreille, et sa cravache frétillait dans sa main.

Je marchai droit à lui.

— Monsieur ! dis-je.

Lui, ne parut nullement déconcerté.

— Comment vous portez-vous ? dit-il en me faisant un petit signe familier.

— Quelle audace ! m'écriai-je, de vous introduire ainsi chez moi ! Voici la seconde fois que je vous y prends ; sachez que si je vous rencontre ici une troisième fois, je vous traiterai comme un voleur.

— Vraiment, fit l'inconnu. Je serais fâché de vous donner cette peine. Laissez-moi vous dire pourtant que j'ai fait de mon mieux pour vous épargner l'ennui de ma présence. C'est vous qui vous obstinez à faire ma connaissance. C'est pourquoi j'ai cru que je pouvais me présenter.

— Trêve d'impertinence, je vous prie! Que venez-vous faire ici?

— Mais, si vous désirez le savoir, je ne fais aucune difficulté d'avouer que je viens pour miss Belle.

— Misérable! (je levai mon bâton), que je ne vous voie plus ou je vous casse les reins.

— Cassez! fit-il tranquillement.

Et sa main droite, levant, par un geste plein d'élégance, le petit stick qui lui servait de cravache, il se mit à taquiner ses bottes de cheval avec vigueur. A chaque coup, le *stick* tout entier traversait les deux jambes, comme si elles eussent été d'air ou de vapeur.

J'étais en face de *mon* fantôme!

Stupéfait, je m'appuyai, sans mot dire, contre une caisse de fleurs, et réfléchis à ce nouvel incident. J'avais déjà vu des choses bien extraordinaires dans mes relations avec les ombres; mais cette dernière aventure était tout à fait sans précédent.

Il s'approcha de moi:

— Mon prédécesseur m'a averti que votre femme n'aimait pas les revenants; donc je me suis tenu à l'écart. Mais il ne m'a rien dit de tel au sujet de *miss* Belle. Et, par saint George! je n'eusse pas tenu compte d'une semblable observation; car c'est pour cette charmante personne que je viens ici. Je suis l'ombre de Buck Edward, bien connu dans ce comté il y a quelque soixante-dix ans. J'ai toujours eu un grand faible pour les dames et, quand j'ai trouvé l'occasion d'en courtiser quelqu'une, je ne l'ai jamais manquée. J'ai même trop courtisé de mon vivant, car je soulevai un jour la jalousie d'un certain Noise qui me tua d'une balle au cœur, par un beau matin de septembre. Depuis ce temps, j'ai hanté plus d'une douzaine de maisons, habitées par de jolies *misses*...

— Est-ce à dire qu'un esprit prenne plaisir à revenir sur terre, dans le but unique de *flirter* avec une jeune fille ?

— Voyons! A quoi pensez-vous? Croyez-vous par hasard qu'il n'y ait que les vieux ladres et les filles légères qui cherchent à revenir ici pour se payer du bon temps? Non, monsieur. Chacun de ceux qui sont encore bons à quelque chose, vient ici chercher fortune. Par saint George ! savez-vous, monsieur, qu'il y a trois quarts de siècle, j'ai *flirté* avec la grand'mère de *miss* Belle ? Et nous faisions un joli couple, je vous prie de le croire! Personne n'en sut jamais rien, ce qui rendait la chose encore plus agréable.

— Enfin, comptez-vous rester ici, et faire votre cour à ma belle-sœur? demandai-je avec anxiété.

— Sans aucun doute. Ne vous ai-je pas dit que j'étais ici pour cela?

— Mais voyez le mal que vous allez causer, en rompant un mariage arrangé avec un excellent homme, mon meilleur ami, un mariage décidé, sur lequel tout le monde est d'accord.

— Rompre un mariage ! exclama l'ombre de Buck Edward, avec une grimace joyeuse. Je connais cela !

— Tenez, écoutez-moi... Votre assiduité va fâcher la jeune fille avec toutes les mères...

— Et vous, dit le spectre, d'un ton blessé, si vous êtes les vrais amis de *miss* Belle, n'agissez pas comme des sots pour ne pas amener de complication.

— Pourtant, je compte bien révéler à ma belle-sœur le secret de tout ceci...

— Eh bien, dites-lui qu'elle s'est promenée, qu'elle a causé d'amour avec l'ombre d'un homme qui a *flirté* avec sa grand'mère...

Pour peu qu'elle y tienne, elle peut trouver les originaux de quelques-unes des lettres que je lui ai adressées, dans les papiers de la vieille dame. Mais je vous avertis, vous risquez de l'effrayer, de la rendre folle. Je connais la nature impressionnable des jeunes filles, monsieur!

Je ne pus retenir un grognement de fureur impuissante.

— Calmez-vous! reprit-il, en manière de conclusion. Laissez la jeune fille suivre son caprice. Et tout ira bien. Bonsoir!

Je me couchai, mais sans pouvoir dormir. Quelle situation! Ma belle sœur en coquetterie réglée avec un revenant! Et personne à qui je pusse confier ce secret, demander un avis!

Je rencontrai plusieurs fois encore le tourmenteur. Il m'adressait de légers signes de tête, au passage; mais je me souciais peu d'entrer en conversation avec lui.

Quelques jours après la scène racontée plus haut, ayant à parler à ma femme, j'entrais dans la chambre de Pegram. Madeline était absente et mon fils dormait dans son berceau. Je me laissai aller à un mouvement d'attendrissement paternel, et, tout en contemplant mon rejeton, je me perdis dans des rêves de tendresse pour le cher bébé.

Mon regard fut bientôt attiré par la présence subite de mon fantôme qui, penché sur le berceau de Pegram, disait à mi-voix :

— Le bel enfant !

Mon indignation ne put supporter l'idée de cette odieuse profanation, les paroles du fantôme me parurent une ironie intolérable.

— Vil intrus ! m'écriai-je...

A ce moment, Madeline rentrait. En entendant mes paroles, elle pâlit, marcha droit au berceau, prit l'enfant dans ses bras et l'emporta. Au moment de repasser la porte, elle se tourna vers moi.

— Je vous ai vu, dit-elle, regarder mon fils. Vous le détestez, je m'en doutais. Je viens de surprendre vos paroles odieuses ! Je vous connais, maintenant. Adieu !

Elle disparut.

Quant au fantôme, il s'était évanoui.

Plein de rage et de douleur, je m'élançai dans l'escalier, traversai le jardin comme un fou et me mis à errer à travers champs, jusqu'au soir.

En rentrant, je trouvai une lettre laissée pour moi par Madeline.

Elle disait :

— « Je suis chez ma tante Hanna, avec Pegram et Belle. Je ne saurais vivre plus longtemps avec un homme qui considère mon fils comme un *vil intrus.* »

. . . .

Dans mon malheur, brillait une lueur d'espérance. Belle avait quitté le cottage en même temps que ma femme.

Mon premier mouvement fut de courir à la ville

pour tout raconter à ma femme; mais alors, il fallait en venir à l'histoire du revenant. Madeline, c'était certain, ne voudrait jamais retourner dans une maison hantée! Devais-je renoncer pour toujours à ce joli domaine qui nous venait de l'oncle John?

Je perdis deux jours en projets et en combinaisons. Le troisième, au fond de mon jardin, je me trouvai face à face avec mon ennemi mortel.

— Que fais-tu ici? lui criai-je, miss Belle est partie!

— Je sais, répondit-il; mais en revenant ici, ta femme sera bien forcée de la ramener avec elle.

L'idée me vint aussitôt que s'il le fallait, Belle pouvait bien être tenue éloignée pour quelque temps, sous un prétexte ou sous un autre. Le fantôme, ainsi, n'aurait plus de motif de me tourmenter.

— Belle ne reviendra jamais ici, tant que tu y seras, ripostai-je aussitôt.

— Je ne le crois pas, dit le maudit.

Ma résolution était prise; je me trouvai plus calme, et crus bon de faire quelques questions au visiteur, pour en tirer des éclaircissements.

— Dis-moi, si pour une cause ou une autre, tu cesses tes visites, auras-tu un successeur?

— Ne crois pas que je parte jamais, interrompit le fantôme, mais, pour ta gouverne, sache que si je me décidais à partir, un autre revenant prendrait aussitôt ma place dans cette maison.

— Et pourquoi se fait-il que ce *cottage* ait été choisi plutôt que des milliers d'autres, pour être livré en proie aux ombres des tombeaux?

— Ce n'est pas la maison qui attire les revenants,

mais bien ceux qui l'habitent. Tant que toi et les tiens vous habiterez celle-ci, elle sera hantée. Certaines maisons attirent l'humidité, d'autres ont les fièvres, d'autres les rats. Celle-ci attire les ombres. Adieu

Ainsi, cette *hypothèque d'outre-tombe* ne serait jamais purgée !

Je rentrai au salon, le cœur gros, désespéré de cette situation sans issue.

Belle ne tarda pas à arriver. Elle était seule.

— Malheureuse enfant, comment avez-vous pu, lui dis-je, rester trois jours loin de la maison ?

— Je suis heureuse de vous entendre parler ainsi, répondit-elle ; cela m'explique votre sentiment. J'ai quitté Madeline pour venir vous trouver, dans l'espoir de découvrir la cause de la querelle survenue entre vous. Ma sœur m'a répété les mots étranges dont vous vous êtes servi envers Pegram. Et j'ai une question à vous faire, tout d'abord : ai-je quelque chose à voir de façon ou d'autre en tout cela ?

— Pas directement, lui dis-je avec embarras. Enhardi toutefois par la gravité des circonstances, je me risquai à ajouter : « Mais ce mystérieux visiteur que vous recevez ici, a malheureusement trop à faire avec tout cela. »

— Je m'en suis doutée, répondit Belle. Et maintenant, attendez-vous à une révélation qui va peut-être vous choquer grandement.

— J'ai eu tant de motifs d'être choqué depuis quelque temps, qu'un peu plus, un peu moins... dis-je sur un ton de tristesse découragée.

— Eh bien voici : La personne dont j'ai reçu quelques visites, et que vous avez trouvée un soir sous ma fenêtre, est un...

— Un fantôme....

— Vous le savez ?

— Oui, mais je ne soupçonnais pas que vous eussiez connaissance de cette étrange réalité.

— Moi! Je l'ai vu presque aussitôt, s'écria Belle. Cela m'a fait peur au commencement; je n'ai pas tardé à réfléchir que le fantôme ne pouvait me faire aucun mal, et si vous saviez, comme celui-là est amusant. J'ai toujours eu du goût pour les revenants, mais jamais je n'aurais cru qu'il pût en exister un pareil.

— Ainsi, vous avez toujours su que ce visiteur n'était pas un homme, comme il paraissait l'être! m'écriai-je à mon tour, stupéfait d'une telle confidence.

— Un homme véritable!... exclama Belle, d'un ton de dignité blessée. Alors, vous avez pu supposer que j'aurais lié connaissance avec un inconnu, aussi facilement? que je l'aurais reçu à ma fenêtre, que je lui aurais parlé comme j'ai fait? Je n'avais pas voulu vous parler de cela, me doutant bien que vous ne m'approuveriez pas; mais à présent, je regrette bien de n'avoir pas parlé plus tôt.

— Vous auriez empêché ainsi bien des embarras.

— Mais, vous n'avez pas idée comme il était drôle, ce fantôme ridicule, plein d'orgueil et de fatuité, avec sa manière de *flirter* à l'ancienne mode.

— Quoi d'étonnant? Dans sa *jeunesse*, il a déjà *flirté* avec votre grand'mère.

— L'impudent! Et vous avez cru que je le prenais pour un homme!... Un jour que nous causions en semble au jardin, j'ai vu distinctement, à travers son corps, le bouquet de rosiers de la plate-bande. . . .

— Alors, vous avez su à quoi vous en tenir, dès le premier moment ?

Ces dernières paroles furent prononcées presque à voix basse, tout près de nous. Belle et moi, nous levâmes les yeux ; c'était le spectre de Buck Edward, mais il n'avait plus son air conquérant. Son chapeau n'était plus penché crânement sur son oreille. Ses bras pendaient tristement le long de son corps. Toute son attitude marquait une déception profonde.

— Certainement, dit Belle, d'un ton ferme, depuis le premier moment.

Le revenant lança sur ma belle-sœur un regard désespéré. Et, sans mot dire, au lieu de disparaître brusquement comme il faisait toujours ; lentement, lentement, il s'évanouit. Tout son corps commença de se dissoudre membre par membre, morceau par morceau, comme une buée dissipée au vent frais du matin. Bientôt, il n'y eut plus de visible que son chapeau et sa cravache.... Puis, nous ne vîmes plus rien.

— Il est parti pour toujours, m'écriai-je, tout joyeux. Votre déclaration a eu raison de cet orgueilleux esprit. Nous en sommes délivrés.

— Et maintenant, fit Belle, il faut aller trouver Madeline. J'ai compris que c'est au fantôme que s'adressaient les mots de « vil intrus », que ma sœur a cru destinés à son fils.

— Quoi ! faut-il raconter à Madeleine ?

— Certainement, et tout de suite.

. . . .

Le soir, j'étais dans les bras de ma chère femm
qui je contai l'aventure en détail.

Et si *pegramisée* qu'elle fût, Madeline trou
moyen de me plaindre, pour tous les tourments q
j'avais endurés.

Quand Fred Bridgeman arriva chez moi, et conn
l'histoire, il dit qu'il ne s'en souciait guère.

— Je n'ai pas peur d'un tel rival, dit-il avec un ri
joyeux. Cet amoureux-là n'avait pas pour lui *l'omb*
d'une chance.

— C'est égal, reprit Madeline, je vous engage
faire bonne garde. Une fille comme Belle ne do
pas être exposée à écouter les propos galants, fût-
ceux d'un revenant.

Bridgeman saisit la balle au bond, et huit jours pl
tard, le mariage eut lieu dans la petite église
notre village. Comme le pasteur prononçait la formu
consacrée, il me sembla entendre un gros soupir pr
de moi. Je me retournai, c'était l'ombre de Bu
Edward.

— Dire que, sans vous, j'aurais pu *épouser* Bell
et devenir presque mon petit-fils.

L'idée me fit sourire.

— Il est trop tard! répondis-je.

— Singulier propos à tenir à un mariage, d
Madeline qui m'écoutait.

Et elle m'envoya un coup de coude indigné, accom
pagné d'un regard foudroyant, destiné à me fai
rougir de mon manque de convenance.

LEÇON D'ARCHÉOLOGIE

LEÇON D'ARCHÉOLOGIE

A *Paul Ginisty*.

I

— Ainsi, dit John Smith, nous sommes dans l'île de Chio ! Mais alors, *ils* l'ont mal placée sur les cartes !

Tous les membres de l'*Expédition Américaine d'Exploration Archéologique* tirèrent de leurs poches cartes et guides, dans l'évidente intention de vérifier le fait, — tous, excepté le professeur Amilcare Corpodibacco, de l'Académie royale de Pompéi, spécialement engagé par le gouvernement de Washington pour diriger l'expédition.

— Monsieur Smith, dit gravement le professeur, vous croyez peut-être que vous en savez plus long que moi sur Chio. Je vous dis que ceci est Chio, la vieille, l'antique Chio, mais, absorbé par votre sot mal de mer, vous étiez hors d'état de reconnaître la route que nous suivions.

— Certainement ! souligna le docteur Gudgery, de la ville de Brooklyn, en regardant fixement John Smith.

— Certainement ! conclut aussi le major Hungard, en roulant des yeux furibonds pour se mettre au diapason général.

John Smith se tut.

— Etant démontré que nous sommes bien à Chio, continua le professeur, qui jeta un regard de triomphe sur John Smith, nous allons maintenant procéder à notre grand et glorieux travail. Vous remarquerez, *gentlemen*, que nous foulons actuellement les débris de nations préhistoriques, restés enfouis dans la poussière des siècles. Les anciens, *gentlemen*, ainsi que j'en ai plusieurs fois fait la remarque, étaient des hommes admirables en tous points.....

— Ils l'étaient ! interrompit John Smith, mais après avoir été ensevelis sous la poussière de l'antiquité, ils semblent en être sortis. Et son doigt désignait, sur le sol, une dépression de forme bizarre.

— Ho ! ho ! dit le professeur, ceci est sans doute l'empreinte laissée par la sandale d'un ancien habitant de cette contrée.

— Il se peut, répondit John Smith, examinant avec plus d'attention. Je n'en sais pas bien long sur les habitants de Chio et sur les Anciens, mais je suis un disciple de saint Crépin, et, pour moi, ces traces ne sont autres que celles d'une bottine moderne.

— Que voulez-vous dire, monsieur? s'écria le professeur.

— Oui, monsieur! répéta le docteur Gudgery, que voulez-vous dire?

— Oui, monsieur! s'écria à son tour le major Hungard, que voulez-vous dire?

— Une bottine en tout pareille à celles que porte Michel, continua John Smith. Je l'ai vu se promener par ici hier soir.

Michel était l'aide-savant de la bande. Il arrivait de Connemara[1], et avait été longtemps employé à la

pose des tuyaux et aux travaux d'égouts, à New York.

— Michel, fit le professeur, est un somnambule, il se peut fort bien qu'il se soit promené par ici; mais cela est de peu d'importance. Procédons sans retard à nos fouilles.

[1] Le Landerneau américain.

L'on pria John Smith d'admirer le bleu intense du ciel de Chio, et on se mit à fouiller avec entrain. John Smith, néanmoins, revint à la charge.

— Vous venez de faire une vraie trouvaille, professeur, dit-il. Tenez, voici une pipe en terre, vieille, antique, archéologique pour de bon.

— Ah ! observa le professeur sur le ton d'indifférence qu'il prenait avec les profanes, Michel a dû... Et se fouillant... non, je crois que c'est la mienne... Elle sera tombée de ma poche...

— Oh ! fit John Smith.

— Pour le coup ! s'écria le professeur, après quelques instants de dur labeur, voici une vraie relique.

Et il tenait l'objet élevé, le montrant à tous d'un air radieux.

— Merveilleux ! s'exclama le docteur. Qu'est-ce ?

— Etonnant ! dit le major. Que pensez-vous que ce soit, professeur ?

— Eh bien ! interrompit John Smith, quand j'étais cordonnier, j'aurais appelé cela un orteil.

— Messieurs, reprit le professeur, il y aurait de notre part grande imprudence à nous monter trop empressés de déterminer la nature des objets anciens que nous découvrons. L'on ne doit point se guider en ces matières, d'après les règles ordinaires. Cet objet est peut-être un orteil, peut-être n'en est-ce pas un. Il est plus sûr de l'appeler, pour le moment, du simple nom d'*antiquité*. Ce terme nous satisfait sans nous compromettre.

— Précisément, dit le docteur.

— Indubitablement, répondit le major.

— C'est pourtant un assez bel orteil, dit John Smith.

II

— Je crois, messieurs, que nous pouvons nous féliciter, dit le professeur en jetant un regard de satisfaction tout autour de la vaste salle, nous pouvons nous féliciter de posséder enfin un Musée d'Archéologie qui fait à notre, c'est-à-dire à votre pays, le plus grand honneur. Nous possédons ici, messieurs, je puis vous l'assurer, de quoi rivaliser avec le Musée Britannique. Vous n'avez jamais vu le Musée Britannique ; mais vous pouvez me croire sur parole, à côté de cette collection, les marbres d'Elgin n'ont aucune valeur. Nous avons sous les yeux la plus considérable collection d'antiquités que mains d'hommes aient jamais rassemblées. L'art antique est vraiment ici dans son domaine.

— Je trouve l'endroit un peu humide pour l'habitation de l'art antique, dit John Smith ; mais c'est peut-être le plâtre qui n'est pas sec.

— Moi, je ne remarque aucune humidité, monsieur Smith, observa le professeur gravement.

— Ni moi, dit le docteur.

— Ni moi, appuya le major.

— Le vrai souffle de l'archéologie a-t-il donc passé sur vous, monsieur Smith ? continua le professeur. En savez-vous plus long que moi à ce sujet ?

— Tout ce que je sais, répondit John Smith, c'est que j'ai pris un rhumatisme à rester assis sous la statue d'*Aphrosisme* et d'Héro.

— Grand Dieu, s'écria le professeur, vous ne pour-

rez jamais apprendre ces noms-là. Mais revenons au sujet de notre réunion. Il ne nous reste plus, messieurs, qu'un devoir à remplir, c'est de découvrir auquel de ces marbres antiques appartient le *fragment* trouvé à Chio.

— L'orteil ? demanda John Smith.

— Le morceau d'*antiquité* rectifia le professeur,

d'un ton sec et méprisant. Il reste encore un peu de ciment, et l'archéologie aussi bien que la bonne économie nous font un devoir de l'employer.

L'on tint conseil. Les membres de l'ancienne expédition, actuellement devenus directeurs du *vrai* Musée Archéologique Américain (*Limited*), étudièrent à fond l'importante question.

— Je ne vois pas très clairement, dit le docteur,

ce que cela peut être. Qu'en pensez-vous, professeur?

— Je n'ai pas une opinion arrêtée, s'empressa d'ajouter le major. Quelle est la vôtre, professeur?

— Essayons d'abord sur une statuette, répondit ce dernier, nous continuerons ensuite sur d'autres sujets.

— Grande idée! dit le docteur.

— Idée de génie! conclut le major.

Avec l'habileté que donne une longue habitude, le professeur prit, entre ses doigts, une pincée de ciment délayé. Puis, très adroitement, il fixa l'*objet* au pied mutilé d'une statuette.

— Parfait! dit le docteur.

— Nous sommes tombés juste du premier coup, admira le major.

— Cela me fait l'effet, dit John Smith, de ce qui

arriva à une jeune fille de Burlington, que j'ai connue. Elle perdit un orteil dans un accident de chemin de fer et s'en fit remettre un à Chicago [1].

— L'on ne doit pas s'attendre de votre part à un langage archéologique, monsieur Smith, dit le professeur. Vos paroles sonnent mal dans les salles consa-

[1] Les femmes de Chicago sont réputées, aux Etats-Unis, pour la grandeur de leurs pieds qui font l'objet de toutes sortes de plaisanteries.

crées à cette noble science. Néanmoins, messieurs, puisque M. Smith n'est pas satisfait, nous essayerons ailleurs.

Et le professeur appliqua l'objet au pied brisé d'une énorme statue.

— Encore mieux, approuva le docteur.

— C'est sa vraie place, ajouta le major.

— Je ne vois pas, pour ma part, dit John Smith, comment cet orteil peut appartenir à ce pied, et, dans tous les cas, il est mal placé par rapport au petit orteil.

Le professeur fronça le sourcil.

Le docteur fit de même.

Le major imita l'un et l'autre.

— Comme dernière concession accordée au scepticisme moderne, monsieur Smith, dit le professeur, je ferai un nouvel essai, mais ce sera le dernier.

— Pourquoi, dit John Smith, ne le mettez-vous pas à part? cet objet n'appartient à rien de ce qui est ici.

— Comment le savez-vous? dit le professeur.

— Parce qu'il ne trouve sa place nulle part.

— Je la trouverai, moi!

— A quoi bon?

— A quoi bon? Sachez, monsieur, que les Américains n'entendent pas se contenter pour leur Musée Archéologique de vieux morceaux, de tronçons d'antiquailles! Ce qu'il leur faut, ce sont des fragments pouvant tenir ensemble; et si le meilleur ciment qui se vende en ville n'y réussit pas, je m'en charge, moi!

Et l'objet, appliqué de nouveau, fit une saillie

gracieuse à l'endroit où avait été le nez, sur le plus remarquable des bustes de la collection.

— J'espère, maintenant, que vous êtes satisfaits, dit le professeur sur un ton de triomphe.

— Je l'espère bien, dit le docteur.

— Il ferait beau voir! exclama le major, avec défi.

— Je vous ai avertis, reprit le professeur avec une modestie tranquille, qu'on n'est jamais sage de vouloir se prononcer d'emblée sur la nature d'un objet antique. J'ai moi-même été porté à croire, dans le principe, que celui-ci était un orteil; nous voyons tous maintenant que c'est un nez. Que ceci nous serve à tous de leçon d'archéologie.

— A la bonne heure! conclut John Smith, avec son sans-façon yankee, c'est la seule leçon que j'aie comprise depuis le commencement de notre voyage.

LA NOEL DE L'ÉMIGRANT

LA NOEL DE L'ÉMIGRANT

A madame Maria Lœtizia de Rute.

Dans l'assourdissant tonnerre de ses huit chevaux lancés au galop, la lourde diligence rebondissait pesamment sur les planches frustes qui servaient de pavage primitif à la grande rue de Sacramento, la ville de l'or, née d'hier.

La voiture publique vint se ranger au pied du perron d'*Eldorado Hotel*. Un cercle se fit aussitôt; *prospecteurs* retour des *placers*, matelots « en bordée », *boys* fuyant la classe — tous les flâneurs ordinaires qui, d'un bout à l'autre de l'an, guettent, une fois par jour, ce spectacle gratuit de la rue.

De la boîte étroite où ils étaient encaqués, deux douzaines de gens mirent pied à terre en s'ébrouant. Leurs rudes costumes de montagnards étaient blancs de poudre comme s'ils eussent traversé une tempête de neige et non parcouru les plus étouffants, les plus poussiéreux soixante milles de toute la Californie torride.

Cette voiture arrive chaque jour un peu avant le départ du bateau qui va à la *Baie*, ainsi qu'on appelle la ville de San Francisco dans le pittoresque langage des gens de l'intérieur. Mais on avait une grande heure de retard et le bateau était déjà loin, à plus de vingt milles. Sur cette mauvaise nouvelle, les voyageurs se dispersèrent en grommelant, tous ayant San Francisco pour but. Et chacun d'eux, avec la naïveté bonhomme des gens de l'Ouest, se mit à expliquer, en confidence, aux oreilles de bonne volonté, comment ce retard ne pouvait manquer d'arriver fort mal à propos.

Seul, un voyageur restait en arrière de ses compagnons de route, planté là, au milieu du trottoir de bois, l'air déconcerté, ahuri, comme incapable de trouver dans sa cervelle étonnée une résolution pour parer à cette circonstance imprévue. Son regard machinal, flottant de la voiture vide aux passants déjà rares, fut raccroché en l'air par le mot *Banque*, dont les lettres d'or, hautes de deux pieds, brillaient effrontément de l'autre côté de la rue, au rez-de-chaussée d'une maison neuve. Alors il traversa la chaussée. Une fois sur l'autre trottoir il s'arrêta, leva la tête et relut l'enseigne. Puis, d'un pas traînant, il se dirigea vers l'entrée des bureaux, et, d'un geste décidé, poussa devant lui la porte.

A peine entré, il éprouva un désir violent, impérieux, irrésistible de ressortir en courant, sans pouvoir se donner une cause raisonnable à ce mouvement intime.

Pourquoi l'homme résista-t-il à cette voix intérieure ?

Le voyageur était dans la salle commune de l'office, vaste pièce d'un luxe bureaucratique, comme jamais dans sa vie, peut-être, le mineur n'en avait vue auparavant.

Derrière un large comptoir de cèdre massif, se dressait la solide muraille, où, comme dans l'épaisseur d'un rempart, était creusée la casemate blindée de la banque, laissant entrevoir par la porte de fer mi-close des sacs empilés avec de larges et profondes sébiles d'où s'échappaient les éclairs pâles de la poudre d'or.

Des balances d'un travail remarquable occupaient le centre du comptoir ; on y pesait de la poussière d'or ; par derrière, sur une table, étaient des plateaux contenant de la monnaie d'or et d'argent.

Se balançant avec nonchalance, à la mode yankee, sur un fauteuil confortable, un jeune homme fumait en écrivant dans un gros registre.

A voir ces deux hommes en présence, on eût compris un mouvement d'inquiétude de la part du commis, blondin presque imberbe, à la figure de fille.

En effet, l'aspect du nouveau venu était celui d'un *desperado* ou bandit californien, un de ces aventuriers qui sillonnent les routes menant aux *placers* de l'Etat de l'Or, un de ces *hombres*, barbu, bronzé, vêtu d'une chemise de daim élimée, avec un pantalon retenu aux hanches par une lanière de cuir, ses longues et maigres jambes enfoncées dans de hautes bottes fortes.

Sur ses longs cheveux incultes, s'évasait un feutre bossué, tandis que de l'épaule gauche pendait une veste de pilote, rappelant ce manteau court des anciens *caballeros* mexicains. Le manche d'un *bowie-knife* passait à la ceinture, prêt à sortir de sa gaine.

Mais, en fouillant le jeune élégant, on eût trouvé dans la poche de son pantalon à la mode un mignon « coup-de-poing », joujou de précision, armé de cinq cartouches.

Le mineur, l'air gauche, timide, s'adressa au caissier :

— Dites, ce bateau est parti... Alors je ne peux pas aller à *Frisco* avant demain ?

— Sûr ! fit le commis sans lever la tête.

— Et moi qui m'en retourne au « vieux pays »[1] me voilà bien !

Il baissa la voix, se rapprocha :

— Je quitte les « Etats »[2]. J'*en* ai là *deux mille* de côté. Je ne connais personne ici. Et je pourrais bien recevoir un coup de couteau dans un *fandango*.

— Je vois ! vous voulez mettre l'argent en dépôt.

— Juste ça ! reprit le mineur. Sous clef, jusqu'à demain matin !

— *A bas la poussière !* alors, fit le caissier, reprenant sa plume, passée à son oreille.

Le « client » jeta à droite et à gauche un regard chercheur. Le commis comprit et lui indiqua de la main l'angle le plus reculé de la pièce, où, très froidement, l'homme, enlevant sa chemise, détacha quatre lingots d'or, de cinquante dollars chacun, cousus aux quatre coins, puis il tira de sa ceinture en cuir

[1] L'Europe.

[2] Nom populaire de l'Union américaine.

souple de la poussière d'or pour une somme importante.

Le caissier pesa, compta, et, sur une feuille portant ces mots : *Confiance Mutuelle de la Californie*, dressa un reçu certifiant que le nommé Yankee Jack avait déposé à la banque une somme de deux mille dollars espèces, remboursable à vue.

Le mineur resta une seconde sans parole, cherchant à comprendre comment ce carré de « noir sur blanc » pouvait être l'équivalent de son métal, si péniblement gagné, et réuni en tas sur le comptoir.

Enfin, il poussa un bruyant soupir, plia le reçu avec lenteur, et dit, comme soulagé :

— Là ! maintenant, je vais pouvoir manger et dormir tranquille... C'est égal, je veux être pendu si j'ai compris jusqu'à ce jour le plaisir d'être riche !

Il s'avança vers la porte, hésita, revint au comptoir et demanda au commis d'un ton embarrassé :

— Dites donc, quelle pourrait bien être la valeur de cette épingle que vous portez là ? La *vieille femme*, au pays, pourrait bien aimer avoir quelque breloque, vous savez !

Le commis jeta sur lui un regard scrutateur, porta rapidement la main au diamant qui brillait à sa cravate, et répondit d'une voix brève : *soixante onces.*

Jack fit un long sifflement, et sortit, en quête d'un logement pour la nuit.

D'où est-il venu, ce mineur qu'on ne connaît aux *placers* que sous le sobriquet de Yankee Jack ? De quel village perdu de la vieille Europe a-t-il conservé cet accent avec lequel il prononce l'âpre langage de la côte ?

Qu'importe ! Puisque demain Jack va dire adieu pour toujours à l'aventureuse existence du chasseur d'or ; puisqu'il va s'embarquer, le cœur gonflé de joie, à la pensée de rejoindre « ses gens », après tant d'années de séparation !...

Mais tandis que Jack, dans un doux songe, se voit déjà, versant à poignées les « aigles » d'Amérique dans le tablier de sa Madeleine, le destin de l'homme s'accomplit.

La grande débâcle financière de 188..., qui a laissé un souvenir sinistre sous le nom des « trois jours noirs », éclate tout à coup, fond sur l'Etat de Californie. En une nuit, le mot terrible, volant sur les fils électriques, ferme partout les banques les plus solides.

Jack n'est qu'un obscur inconnu, englouti avec des milliers d'autres misérables dans le tourbillon du désastre commun.

Au matin, le voici qui arrive d'un pas léger. Sur son honnête visage est encore un reflet des beaux rêves de la nuit...

Devant les bureaux de la *Confiance Mutuelle*, une foule houleuse menace et assiège les portes, fermées par une solide barre de fer.

Que disent-ils, ces hommes qui gesticulent et montrent le poing aux murs muets? Pourquoi ces femmes pleurent-elles ?

Jack, d'une voix tremblante, interroge. On lui fait voir un placard : « Payements suspendus. »

Il lit. Le sang afflue à ses tempes. Il tombe à terre comme une masse.....

Quand Jack revint à lui, il n'eut qu'une parole :

« *Home!* » chez nous. Il répétait ce mot d'une voix dolente et pleurait comme un petit.

Des personnes charitables lui achetèrent un billet de chemin de fer pour San Francisco, où la vue de la mer bleue et des grands navires bercés sur leur ancre le ranima.

Une nostalgie le prit. Il voulut revoir son vieux clocher, le champ paternel, le cimetière de son village natal. Et il fit accepter ses services, comme matelot, pour prix de son passage, à bord du premier steamer.

C'était la huitième nuit depuis notre départ de San Francisco. Nous voguions à toute vapeur sous les Tropiques. Je dormais profondément, quand la machine du *California* stoppa net. « Sommes-nous en vue de Panama ? » me demandai-je, réveillé en sursaut par le brusque arrêt du ronflement de l'hélice.

Au-dessus de ma tête, sur le pont, des pas se précipitèrent. Des poulies grincèrent. Une embarcation fit un *plach* sourd en touchant l'eau. Puis un silence effrayant, un silence de mort, un silence qu'on pouvait entendre. Je sautai à bas de ma couchette et courus au pont.

La scène inoubliable est encore devant mes yeux :

Sur la mer aux eaux calmes, pesantes et noires, — phénomène très rare en ces parages, — le jour va poindre bientôt. Mais sa lueur terne et sans force ne peut crever une épaisse buée flottante.

Le brouillard est si intense qu'on ne distingue pas à trois mètres la forme des mâts. Autour de la carène noire, immobile, une étroite ceinture d'écume semi-phosphorescente s'allonge et va se perdre dans la brume. Du bord de cette ceinture lumineuse notre regard plonge en vain dans les ténèbres, au delà, pour leur arracher leur secret. Tous les passagers sont là anxieux, frissonnant, l'oreille tendue. Pas un mot. Nulle question. Chacun a deviné le drame de vie ou de mort qui se joue.

Dans le noir, à vingt brasses peut-être, on entend, on *sent* la chaloupe en recherche, et les matelots, invisibles, manœuvrant les rames avec précaution. Nous écoutons passionnément.

Par deux fois un râle étranglé, un sanglot inachevé, sinistre, fait bondir nos cœurs d'espérance. C'est là! Ils y touchent!... Quel silence terrible! Quelle attente pleine d'angoisse!

La côte est proche, indiquée par le rythme plaintif du ressac, dont l'écho bat dans nos poitrines, comme le balancier d'une horloge pendant une veillée mortuaire.....

Le bruit des avirons recommence. Il se rapproche. La barque ressort de l'ombre, elle accoste... Les hommes, pâles, ont un air farouche. Rien!... Ils n'ont rien trouvé! Au milieu d'un silence poignant la barque est hissée à bord. Les énormes palettes de l'hélice de nouveau battent l'onde. C'est bien fini...

A ce moment, un appel suprême déchire la brume opaque. Un hurlement d'agonie jette vers nous ces paroles distinctes, *en français* : « Au secours! Mon Dieu!..... »

Les mille cris du silence répètent cette supplication terrible. La voix part d'un point si rapproché que, par un élan instinctif, tout le monde se rue aux bastingages. On dirait qu'il n'y a qu'à tendre la main pour sauver l'homme.

La chaloupe retombe à l'eau, flotte, s'éloigne. L'abîme va-t-il rendre sa proie?...

Je revois encore l'officier américain, debout à l'arrière, sa main crispée sur la bouée de liège, sa prunelle ardente fouillant le vide ; je revois les marins, comme des fantômes, courbés sur l'aviron, le cou tendu, guettant un indice, et l'esquif ballotté comme un copeau!...

Oh! l'énervante ironie de cette mer sans ride, au calme funèbre! Sur le miroir sombre de l'Océan muet la barque glisse, fuit, s'enfonce dans le mystère des nuées jaunâtres. Et toujours une force inconnue retient l'aube et sa clarté au bord de l'horizon, à l'autre bout de l'immensité.

Combien de temps cela dura-t-il ? Les minutes paraissaient des heures... La barque lentement revint...

Et jamais plus la voix déchirante ne fut entendue. Sur la bouche appelant son « au secours! » désespéré, la vague du Pacifique s'était étendue comme un suaire...

Je fus trouver le capitaine du *California*.

Yankee Jack était bien un compatriote ; un ancien matelot d'un de nos petits ports de la côte normande. Son dernier cri, poussé dans ma langue natale, cette plainte de moribond, avec son accent de terreur suprême, a résonné souvent dans la solitude de ma pensée...

Le glorieux soleil des tropiques, embrasant l'atmosphère d'azur, et la mer, semblable à une immense turquoise en fusion, promettaient aux passagers du *California* une radieuse journée de Noël.

Le neuvième coup de cloche trouva tout le monde réuni sur le pont, à l'appel du capitaine.

Un mousse apporta les pauvres hardes ayant appartenu au noyé, et les posa sur le cabestan.

Avec quelques autres menus objets, le sac contenait, dans une vieille enveloppe usée, la photographie, grossièrement faite au village, — en quelque jour de fête, — de deux enfants se tenant par la main, et des papiers tout chiffonnés.

Le capitaine déplia l'un des papiers, toussa pour s'éclaircir la voix, et dit, très ému :

... *Ladies, gentlemen*, c'est l'usage chez les marins de mettre aux enchères les effets du camarade perdu en mer, et de se partager les souvenirs du mort... L'homme qui s'était embarqué sous le sobriquet d'Yankee Jack était Français... Il avait laissé au pays une femme, deux enfants et une « vieille » pour venir chercher fortune dans les *placers*... Il n'a pas eu de chance !...

« *Ladies, gentlemen*, camarades, découvrons-nous par respect pour le mort. Un *gentleman* français va vous traduire une lettre. »

Il me tendit le papier, — combien de fois lu, relu, déplié et replié ! Il contenait ces mots, tracés d'une grosse écriture paysanne :

« ... Est-ce vrai ? Jacques, tu reviens ? Est-ce vrai que tu rapportes tant d'argent ? je ne puis y croire. Nous allons être riches, nous allons être heureux encore une fois ? Tu ne repartiras plus ? A cette idée-là, mon Jacques, je me sens jeune, comme au bon temps ! Tu te rappelles quand nous courions dans le grand pré, en nous tenant la main... Tu te rappelles le vieux pommier du clos, tout couvert de mousse et couché dans l'herbe ! Nous pourrons le racheter, nous irons encore nous y asseoir. Tu te souviens, c'est là que j'ai promis d'être ta femme.

« Il faisait beau, ce jour-là ; le ciel et la mer étaient tout bleus. Et nous devions ne jamais nous quitter ! Cela était si beau et nous étions si heureux !... Comme tu vas trouver les petits grandis ; Jacques travaille déjà. Il sera fort comme toi et il te ressemble. Le soir, quand il se couche, il dit, les mains jointes devant le bon Dieu : « Papa, reviens ! » L'aîné aussi demande après toi... Tout le monde t'attend. Depuis que je sais que tu reviens je n'y tiens plus. Quand j'ai lu la lettre à la vieille mère, elle a pleuré et elle a dit : « Je pourrai donc embrasser mon Jacques avant d'aller dans le trou ». Dieu m'a, bien sûr, aidée jusqu'ici à supporter cette longue et triste absence, mais il me semble maintenant que je ne pourrais plus la supporter un seul jour de plus.

« Reviens vite, mon pauvre homme, par le premier bateau. Tâche d'arriver pour la Noël, que nous fassions ensemble le réveillon. Mais ne reste pas plus longtemps dans ces affreux pays qui me font peur ».

« *Ta Madeleine.* »

Les passagères pleuraient.

Le capitaine déplia ensuite le certificat de dépôt de deux mille dollars à la banque *la Confiance Mutuelle* de Californie. Il le lut à haute voix ; puis il ajouta :

« Maintenant, *ladies*, *gentlemen*, et vous, camarades, vous avez compris l'histoire... En arrivant à Panama demain, je ferai écrire à la veuve par le consul. C'est à vous de décider quelle sorte de lettre ce sera. Commissaire, mettez le certificat de la banque aux enchères ! »

— A combien ? demanda le commissaire. Dix ! vingt ! cinquante dollars ! cent ! cent cinquante !

Le certificat fut adjugé à un mineur en chemise de daim tanné. Il posa sur le cabestan trois pièces de cinquante dollars et dit :

— Ce n'est pas assez ! capt'n ! Vendez-le encore !

La vente reprit. Dans un élan généreux, on couvrit d'or le cabestan.

— Stop ! commissaire ! fit le capitaine qui comptait l'argent... Cela suffit... La vente est close. Nous avons les deux mille dollars. Le certificat est racheté. Yankee Jack laissera du moins après lui la Noël de ses enfants.

DANS LE CIEL

DANS LE CIEL

CONTE GÉOGRAPHIQUE ET COSMOGRAPHIQUE

A Camille Flammarion.

Par une claire nuit de printemps, la face de la Lune prit tout à coup une expression de stupéfaction profonde.

La raison en fut vite connue des observatoires.

Une comète approchait avec une vitesse de 225 milles à l'heure. Elle fut bientôt à portée de la Terre, mais sans ralentir sa marche. La Lune crut un instant qu'il y aurait assez de place entre elle et la Terre, pour permettre à la voyageuse de passer avec sa longue traîne ; mais la Lune ne sut jamais compter avec précision.

La comète arriva comme un navire à toute vapeur. En proue, était son capitaine, un rustre à l'aspect brutal et cruel.

Sur son dos il portait un havre-sac, à ses pieds,

une paire de lourdes bottes qui semblaient lui aller particulièrement bien.

Pour parler le langage maritime, le capitaine qui commandait la comète, était en réalité la poupée même ou plutôt la propre *coque* du navire; la traîne de la comète, simplement attachée aux pans de son habit, se déployait derrière lui, à 75 millions de

milles, trois pieds 8 pouces de long. J'ai mesuré moi-même, dans le temps.

La tête du capitaine était couverte d'un passe-montagne en fourrures qui abritait ses oreilles contre le froid ; car le thermomètre est d'ordinaire considérablement au-dessous de zéro, dans ces régions situées à deux ou trois cents milles de la Terre.

Le nez du géant austral vint rencontrer le sol de la terre à quelques cents mètres de Tombouctou.

Une partie des merveilleuses découvertes faites par

M. Stanley pour le compte du *Hérald*, furent du coup réduites en miettes, et une quantité considérable de sable du désert Africain se perdit dans l'espace céleste par l'effet de cette commotion épouvantable.

La pauvre Lune ne put retenir un cri d'effroi. Elle devint plus pâle que de coutume et s'évanouit... Lorsqu'elle reprit ses sens, imaginez son horreur, en voyant sa mère vénérable, la Terre, brisée en mor-

ceaux informes, au travers desquels le monstre céleste, la comète et son génie destructeur, continuait sa route implacable, parmi les ruines, comme si rien ne fut arrivé !

C'était pour la Lune elle-même une épouvantable catastrophe.

La Terre, bien que loin d'être la plus grande, n'est pas moins l'une des plus finies, des plus parfaites, des mieux construites parmi les planètes. La délicatesse du travail qui la distingue est un fait universellement reconnu parmi les astres composant le système solaire, et l'artistique distribution de toutes ses parties lui vaut, depuis des milliers d'années, l'envie de bien des rivales, moins favorisées par le génie du Grand Sculpteur.

Or, comme chacun sait, cette planète si parfaite n'a jamais eu qu'un enfant, une lune. Jamais aucune

autre lune vagabonde ne tenta de forcer la Terre à l'adopter et ne vint menacer la sécurité de la Lune dans sa position de fille unique. Et de fait, le zèle avec lequel la Lune accomplit ses devoirs de satellite, la ponctualité avec laquelle elle exécute ses éclipses, ont toujours été le thème d'une admiration universelle parmi ses collègues.

Cette position si enviable, par la catastrophe horrible arrivée à sa mère, la Terre, était tout à coup enlevée à la pauvrette. La Lune devenait orpheline.

Elle versa un pleur sur le sort de la Terre. Et comme la Rachel de la Bible, elle ne voulait pas être consolée.

Cependant le sinistre capitaine qui commandait la Comète, s'arrêta tout à coup. Il lui sembla qu'il était « arrivé quelque chose. » Il tourna la tête, par

un geste machinal, et son regard tombant sur les débris du Globe terrestre, il éprouva comme une impression de remords. Ce génie d'aspect si terrible avait le cœur bon. Son œuvre lui fit mal à voir. Pauvre Terre! Jamais il ne lui avait voulu tant de mal! C'est vrai qu'il n'avait pris aucun soin d'éviter l'accident! Ne devait-il pas bien prévoir que sa course folle causerait quelque dommage à une planète ou à une autre? Mais, qui pouvait penser que sa rencontre avec la Terre dût faire une si grande ruine?

Ému de compassion, le capitaine résolut de réparer — autant qu'il était en son pouvoir — le dommage causé à une collègue de l'espace céleste.

J'ai dit qu'il portait sur son dos un havre-sac. Le génie de la comète mit sac à terre — une figure — l'ouvrit, et tira d'un petit arsenal de campagne tout ce qu'il faut à un soldat ou à un marin en pleine mer pour une réparation urgente à ses vêtements ou aux

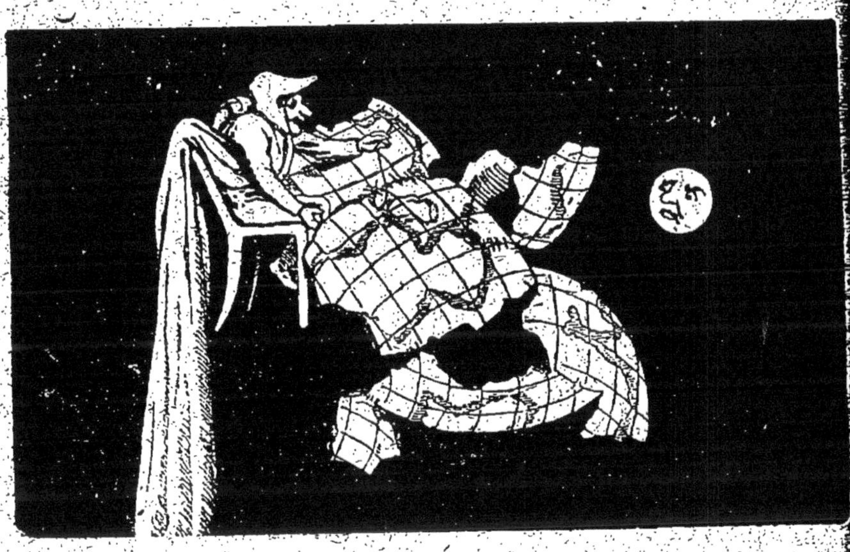

voiles du navire, — c'est-à-dire du fil ciré et une aiguille.

Toujours du même havre-sac, il tira un pliant-fauteuil (breveté New-York : — Paris, — Londres, — Vienne), s'assit dessus avec aisance, et là, commodément installé, il se mit en devoir de recoudre ce qu'il avait si lamentablement décousu.

Un à un, au vol, avec cette adresse particulière aux gens de l'art, il rattrapa fort adroitement les morceaux épars qui flottaient doucement dans l'éther des mondes.

Avec une habileté remarquable, le génie rassembla d'abord tous les débris de la Terre. Puis il commença à coudre avec ardeur, tirant l'aiguille prestement. De l'observatoire de Paris, de celui de Greenwich, de celui de Washington, les astronomes durent prendre ce tailleur improvisé pour le Dieu de la machine à coudre.

L'Asie fut réparée la première, puis ce fut le tour de l'Afrique et de l'Amérique.

Cependant, la Lune s'essuyait les yeux, et reprenait peu à peu conscience d'elle-même. Quelle ne fut pas sa surprise joyeuse, en découvrant le travail *de reprise* auquel se livrait si généreusement l'auteur de l'accroc !

Mais, où l'étonnement de l'orpheline redoubla, c'est quand le génie de la comète, tirant de son havre-sac un pot à colle et un pinceau, se mit à réunir entre elles les portions de territoires, rapprochées déjà par le fil céleste. La Lune versa une larme, — mais une larme de bonheur.

Lentement, le globe de la Terre reprenait sa forme sous la main légère du recolleur.

L'opération terminée, le génie prit dans son sac une pièce de toile. Il en enveloppa la Terre tout en-

tière. Puis, accrochant à ses reins un tablier de peintre décorateur, il traça à grands traits de son pinceau les limites géographiques, les accidents du sol, écrivant les noms des contrées, ceux des fleuves, des montagnes et des divisions politiques.

Le peintre allait vite, étant sans doute très pressé; il en résulta que Brooklyn[1] devint à elle seule grande comme la Chine entière. L'Afrique fut ré-

[1] Grand faubourg de New-York.

duite aux proportions de Broadway[1] et Londres à celles de Sing Sing [2].

L'artiste faisait de son mieux; mais la Lune qui le suivait de l'œil, pensa qu'il avait peut-être un rendez-vous d'amour. Et, bien que choquée de ces erreurs grossières, elle ne put retenir un mouvement d'indulgence à cette supposition.

Aussi, quand elle vit le pinceau de l'artiste céleste qui inscrivait Chicago dans l'Australie, elle ébaucha un petit sourire fin. Un dernier coup de pinceau fit de l'Irlande un pays dix fois grand comme l'État de l'Ohio, ce qui humilia un peu la Lune, pleine de bonnes dispositions naturelles en faveur de l'Amérique.

[1] Rue principale de New-York.
[2] Prison de New-York.

L'ouvrage terminé, le génie essuya son pinceau, boucla son sac, donna un coup de pied gracieux dans sa longue traîne, et reprit sa course.

La Lune alors comprit le secret des erreurs commises par le peintre :

Il ne savait pas la Géographie !

MORALE

Enfants, apprenez la géographie. Et si jamais vous devenez comète dans l'espace azuré, ou tout au moins si l'on vous donne une comète à garder ou à diriger, faites bien attention à ne pas rencontrer quelque planète en chemin.

Evitez surtout la Terre, vous auriez trop de mal à réparer les dégâts.

CONSEILS D'UN PÈRE

CONSEILS D'UN PÈRE

A Emile Bergerat.

New-York, 3/1/88.

MON CHER GARÇON,

Tu es « assez grand pour aller pieds nus au *meeting* », comme me dit le capitaine Jonathan, quand je me présentai pour être mousse sur son bateau, en 1855. Je m'étais sauvé de la maison de mon père, et j'avais juste ton âge.

J'espère que tu sauras conduire ta barque tout seul. Moi, je prends l'express de 10 h. 25, pour la côte du Pacifique. Je n'ai pas le temps d'écrire de longues lettres ; mais, de temps à autre, je te jetterai à la boîte une carte postale avec mes conseils.

Règle nº 1 : Dis la vérité.

Règle nº 2 : Montre ce que tu as dans le ventre.

Verbum satis, comme disait le prote, quand je dirigeais un journal hebdomadaire à la campagne, en 1868.

Ton père,

J.-A. CHESTERFIELD.

Leadville (Colorado), 17/1/88.

CHER GARÇON,

Il fait froid ici comme dans le coin nord d'une pierre tombale.

Je suis content de savoir que tu mords aux classiques. Le latin a du bon. Cherche la bonne route, et « rends la main à la jument », comme j'ai entendu dire les sportsmen en 1875, quand je faisais une tournée de lectures sur « le Rhum et la Réforme. » Ne t'effraie pas du grec, d'autant plus que tu ne l'as pas encore commencé.

Règle n°3 : Ne prévois jamais les embarras à venir.

Cela ne vaut rien de traverser une rivière avant d'y être arrivé.

Ton père,

JOHN-ADAM CHESTERFIELD.

P. S. La mine fait à la cote : A. I.

Chicago, 3/2/88.

CHER GARÇON,

Fâché d'apprendre que tu as rossé ce petit Smith.

— C'est un jeune sot, mou comme une barre de savon restée dans l'eau 24 heures.

J'ai connu son père à la législature de l'État de Connecticut dont il était membre en même temps que moi. Un « pauvre tireur », comme nous disions, du temps où j'étais employé au télégraphe. Laisse le marmot tranquille.

Règle n°4 : Tiens-toi hors des bagarres autant que tu pourras.

Règle n° 5 : Si tu ne peux éviter le combat, frappe le premier, et saute dans la mêlée comme un zouave.

Une peau de renard, clouée toute fraîche, à la porte du poulailler, tient les autres renards en respect.

Ton père,

JOHN-ADAM CHESTERFIELD.

Or , 18/2/88.

CHER GARÇON,

C'est la différence d'opinion qui a créé les courses de chevaux ; j'ai souvent entendu ce dicton en Kentucky, quand j'étais inspecteur au chemin de fer, à la fin de 1858. A présent que tu as *réglé* Smith, va doucement.

La mine est chaque jour plus riche. Elle monte à la cote d'un dollar par heure.

CHESTERFIELD.

A bord du « Palace Car » chemin de fer de l'Illinois Central, 29/2/88,

GARÇON,

La mine est splendide. Deux millions en vue. Ton gouverneur [1] est propriétaire d'un cinquième indivis. Naturellement je t'enverrai les 10 dollars.

Règle n° 6 : Paie toujours à livraison.

J'étais commis en 1857 chez un marchand à la criée. J'ai vu que ceux qui ne paient pas rubis sur l'ongle, finissent toujours sous le marteau du commissaire priseur.

Dis au principal de tirer à vue sur moi pour le montant de ta pension.

Ton père,

J.-A. C.

San Francisco, 21/3/88.

Reçu ta lettre. J'ai enseigné moi-même dans une école en 66, et j'ai observé que les élèves en savaient tous plus que moi.

Règle n° 7 : Ne pense pas trop bien de toi-même.

Le soleil brillerait tout de même si le coq n'était pas là pour chanter à son lever.

Ton père,

J.-A. CHESTERFIELD.

[1] Ton père. Américanisme.

Leadville, 29/3/88.

CHER FILS,

Pioche la grammaire française ; c'est difficile. Quand je l'étudiais dans les tranchées de Richemond, en 64, les verbes irréguliers me démontèrent longtemps; mais je les *remontais* chaque jour en même temps que la garde. Que serais-je devenu si je n'avais pas su le français, quand je fis en Europe mon voyage de 76, pour introduire les vins de Californie?

Règle n° 8 : Apprends autant que tu pourras de langues étrangères.

Règle n° 9 : Apprends à garder la tienne.

Ton affectionné,

JOHN-ADAM CHESTERFIELD.

Chicago, 30/4/88.

FILS,

Impossible écrire, faute temps. Engagé grande spécul. avec mon ancien associé dans ma photographie à Boston en 1876.

On dit que Boston est un bon endroit pour prendre son vol. Nous avons pris tous deux notre vol à tire d'aile. Nous verrons si le proverbe est vrai.

Comment vont les mathématiques?

Ton P. affect.

J.-A. C.

Saint-Louis, 10/5/88.

GARÇON,

Je suis fâché que ton professeur d'arithmétique s'en aille ; j'espère que son successeur sera capable. En faisant des relevés topographiques, j'ai compris l'importance d'avoir les 10 chiffres au service de ses dix doigts.

La spéculation a meilleure mine chaque jour. Nous avons pris comme *partner* l'homme qui dirigeait à New-York le journal où j'étais reporter en 67.

CHESTERFIELD.

Leadville, 20/5/88.

MON CHER GARÇON,

La mine paie beaucoup d'argent ; je place tout en « spéculation fixe », suivant l'expression de l'oncle Daniel, quand j'étais agent de change en 72, avant que la panique ne m'ait forcé de vendre mon étude.

J'ai trouvé une veine de chance, pour sûr.

Règle n° 10 : Dans la veine, lâche tout.

ADAM CHESTERFIELD.

Leadville 13/6/88.

La mine va mal, la spécul. pis. Je ne renonce pas. J'ai le sang d'un Yankee. A la pointe (littéral) de la mort, un yankee s'en ferait un cure-dent, mais je suis harassé.

Dis au principal que je lui enverrai le trimestre d'ici une semaine ou deux.

New-York, 20/6/88.

Mon Cher Garçon,

La spéculation a sauté, et ce qui me restait de mon cinquième indivis dans la mine, a servi à payer la différence. Ton père est aussi bas qu'en 65, quand il plaçait des *Histoire de la Rébellion*, ou qu'à la fin de 73, quand il fut obligé de venir en Floride pour diriger une plantation d'orangers. Il me faut le temps de me retourner.

Télégraphie-moi sur le champ si le principal n'a pas encore trouvé de professeur de mathématiques. Je lui demanderai la place.

Je serai heureux, mon cher enfant, d'être de nouveau près de toi.

Ton père affectionné,

John-Adam Chesterfield.

Gare centrale de New-York, 21/6/88.

Ton télégr. reçu. Impossible accepter place. Ai envoyé chèque pour trimestre. Je pars à 3 h. 45 pour Chine, où vais introduire inventions américaines.

Ecrirai détails à bord du steamer. Serai de retour dans 8 ou 10 mois. A moins que je ne pousse jusqu'en Australie. Je crois qu'il y a à faire une grosse spéculation en pharmacie.

Dieu te bénisse, mon garçon.

Ton père,

John-Adam Chesterfield.

MON CHINOIS

MON CHINOIS

A Georges Boyer.

Bung Lung était *mon* Chinois — non qu'il m'appartînt en toute propriété, mais parce que je l'avais découvert, comme Christophe Colomb l'Amérique.

C'était un jour pluvieux de novembre. Il était minuit passé ; je regagnais mon coin du feu à travers les rues sombres et désertes de New-York.

Devant moi, j'aperçus une lumière projetant un angle de clarté jaunâtre sur les larges dalles du trottoir.

A mesure que j'approchais, je trouvais à cette lumière attardée quelque chose de solitaire, d'intéressant, qui m'inspira un désir soudain de voir ce travailleur obstiné, encore à sa tâche, quand tout le quartier reposait.

J'entrai dans le rayon de lumière; les gouttes de pluie tombèrent plus pressées. La lueur sortait d'une

échoppe. Je collai mon nez à la vitre et j'aperç
Bung Lung.

Jamais je n'oublierai le tableau. Vêtu de sa droit
de blouse en coton bleu, sa mince natte de cheveu
noirs pendant le long de son échine, ses joues couleu
de pain d'épice, distendues, comme les bajoues d'u
ouistiti, par une forte provision d'eau [1], ses deu
mains bilieuses, décharnées, passant et repassant ra
pidement à travers les linges. Singulier spectacle!

Juste au moment où je lançais dans l'échoppe, u
regard curieux, Bung Lung projetait un nuage d'ea
pulvérisée sur une pile de chemises empesées. Da
la même minute, les rigoles de mon parapluie venu
à couler dans mon cou, j'eus l'impression très aig
d'une incantation de sortilège oriental, descendan
du Mongolien sur moi.

Je n'avais jamais vu un blanchisseur chinois accom
plissant son travail. Dans le mystère de la nuit,
spectacle me parut tout à fait étrange.

Quelques jours après cette découverte de Bu
Lung, j'en fis une autre dans ma garde-robe ; c'é
une pile de linge qui réclamait l'office de la blan
seuse.

Une idée me vint ;

[1] Presque tous les Chinois habitant les grandes villes a
ricaines y exercent la profession de blanchisseurs. Au
d'imiter nos repasseuses d'Europe qui humectent le
blanc pour le repasser, ils l'aspergent, fort adroitemen
soufflant dessus une rosée d'eau qu'ils puisent à une
Malgré la naïveté du procédé, aucune repasseuse améric
n'est capable de lutter avec les Chinois pour la blancheu
linge et la perfection du travail.

— Et moi aussi, je me ferai blanchir par le procédé chinois, dans le mystère de la nuit, et je cultiverai la connaissance de Bung Lung !

Je fis un gros paquet que je mis dans une valise ; et je me dirigeai vers l'échoppe à l'entrée de laquelle se balançait un écriteau portant ces mots en lettres rouges :

BUNG LUNG

Blanchissage

J'entrai. Bung Lung repassait, repassait. Cet homme était toujours en train de repasser.

— Bonjour monsieur Lung ! dis-je en arrivant. Lung se tourna vers moi, montrant deux joues gonflées comme les poches d'un *alderman*[1]. Ses deux yeux en amande semblaient vouloir rentrer dans son nez, et son front énorme m'apparut, poli comme l'écorce d'un melon d'eau.

— Bonjour monsieur Lung. J'apporte, dans cette valise, du linge pour vous.

— Chercher chemise ? demanda laconiquement le Chinois, sans se déranger, tout en pliant une *pièce* avec une telle rapidité, que je n'eus pas le temps de voir au juste si c'était une chemise ou tout autre objet.

— Justement, Lung. Il y a aussi des faux-cols, des manchettes. Je veux essayer de votre méthode — pour

[1] Conseiller municipal : La corruption des politiciens d'Amérique est trop connue pour que cette boutade ait besoin d'une explication.

faire la comparaison. Si ça me convient, je vous donnerai ma pratique.

Bung Lung avait saisi une grande jatte, remplie d'eau. Il aspira une énorme lampée, et, me tournant le dos, recommença son bizarre travail d'irrigation.

A peine avais-je eu le temps d'achever mon explication, que déjà Bung Lung était dans le plein exercice de ses fonctions, il semblait m'avoir tout à fait oublié.

J'observais en silence, avec une curiosité explicable, les mouvements rapides du fer qui suivait de près l'arrosage, et j'étudiais avec attention le va-et-vient des coudes, allant et revenant avec la régularité et la rapidité d'une langue de chat qui lampe une jatte de lait.

Ma connaissance avec Bung Lung n'avait pas été poussée bien loin. Je compris que je devais me présenter.

— Monsieur Lung !

Bung se retourna vers moi, comme la première fois, avec la même indifférence.

— Je dis, monsieur Lung, que je viendrai...

— Chercher faux-cols ? dit simplement le Chinois. Et il puisa de nouveau un quart de litre à la tasse placée près de lui. Ses joues rebondies reprirent leur ressemblance avec un ballon-annonce.

— Oui, je les ai dans mon...

— Beaucoup mouchoirs?

— Une douzaine... et aussi...

Bung Lung se précipita derrière son petit comptoir, se tourna vers moi d'un geste impétueux. Je m'approchai; mais je n'avais pas eu le temps d'ouvrir la bouche pour prononcer mon nom, que ma valise était passée de mes mains dans les siennes, et l'inventaire de son contenu fait en un clin d'œil. A la place, j'avais trois ou quatre petites fiches de papier de riz, portant des inscriptions hiéroglyphiques, tracées prestement avec un pinceau, de droite à gauche.

— Qu'est cela ? fis-je étonné.

Bung Lung parut surpris à son tour. Il ne savait que répondre. Jamais, sans doute, il n'avait eu de client à l'entendement aussi épais.

Son regard allait de moi aux petits papiers.

— L'homme américain, prendre chemises, cols, mouchoirs ? dit-il, accompagnant cette phrase d'une longueur inusitée, par une pantomime explicative et marquant l'interrogation.

— Je n'en ai pas besoin avant... qu'ils ne soient blanchis.

— Bung Lung, blanchir, blanchir ! répéta le petit homme, dansant autour de son comptoir.

Il s'empara des carrés de papier, et les empila dans la poche de mon gilet.

— Ah ! Ah ! je comprends, fis-je éclairé d'une lumière subite. Ce sont des reçus !

Le visage de Lung s'illumina comme une lanterne chinoise. Je pris ma valise et m'éloignai.

Trois jours plus tard, repassant devant l'enseigne qui disait que Bung Lung « blanchissait », je trouvai encore que l'enseigne disait vrai. Je me demande si Bung Lung s'interrompait jamais dans sa besogne.

J'avais pris à la fin une si haute opinion du Chinois, qu'il faisait partie de ma vie, quoique j'en eusse. Il m'avait séduit. J'en rêvais. J'éprouvai une certaine émotion en me retrouvant en présence de sa face de Mongolien qui m'intriguait. Lui, ne s'aperçut de ma présence qu'en sentant ma main se poser sur sa longue tresse.

Presque aussitôt, je compris le sacrilège commis. Bung Lung bondit, comme si une épingle rougie lui entrait dans la chair. Il se retourna si brusquement, que ma main se rencontra avec son nez.

— L'homme américain fou !

Cette affirmation fut faite sur un ton qui n'admettait aucun commentaire. Elle avait la valeur d'un aphorisme. Force me fut de l'accepter comme telle.

Et pourtant, j'en suis sûr, c'est à ma tentative inconsidérée que je fus redevable de la connaissance de Bung Lung. Cela me rappela à son souvenir. Nous nous regardâmes tous deux ; puis l'instinct du commerçant reprenant le dessus chez mon Chinois, il me demanda froidement :

— Venu pour chemise ? »

Je produisis mes reçus, et les rapports furent charmants entre nous. Je réglai la modeste note de Bung Lung, et il s'adoucit au point de m'inviter à venir « beaucoup souvent. »

De vrai, je ne pouvais me passer de lui.

Tout le jour j'étais dans sa boutique. La nuit, je rêvais du petit Mongolien à la tresse noire. Il montrait à mon imagination surchauffée comme après une douzaine de pipes d'opium, tout un monde de petits fils du ciel vêtus de robes de soie et de satin multicolores, s'agitant comme des ombres fantastiques dans un idéal paysage de pagodes en porcelaine. J'en vins à acheter du linge pour expliquer mes visites répétées.

Au bout de six jours de ce manège, l'expression du visage de Bung s'adoucit. Il daigna sourire.

— L'homme américain, beaucoup sale, dit-il. C'était une concession qu'il me faisait, douce à mon oreille comme la voix d'un ami.

A dater de ce moment, ma connaissance avec le petit Chinois fit des progrès rapides. Lung ne semblait pas s'y opposer. Il me faisait l'honneur d'avoir remarqué ma personne. Enfin, une douce familiarité s'établit entre nous. Un jour, je ne sais quelle fantaisie insurmontable s'empara de moi.

— Bung, dis-je, quelle figure crois-tu que tu ferais avec un habit à queue ?

— Un habit d'homme américain ?

— Justement, qu'en penses-tu?

— Très joli, très joli, s'écria le Chinois, ravi.

— J'apporterai le mien ce soir, et nous verrons, fis-je, tout à fait joyeux.

Dans la soirée du même jour, j'apportai mon habit, Bung Lung passa les manches. L'habit était trop grand, naturellement ; mais qu'importe ! Mon Chinois ne se sentait pas de plaisir. Dans sa joie, il se mit à danser d'une façon grotesque. Puis, il me dit qu'il allait se faire voir au voisin, à Duck, un compatriote, blanchisseur comme lui.

— L'homme américain rester avec chemises, fit-il, dans son jargon, sur un ton de prière.

Je consentis à monter la garde devant le linge de l'honnête Chinois, et Bung Lung disparut dans la rue.

Vingt minutes s'étaient écoulées. Je commençais à m'impatienter, lorsque Bung Lung pénétra dans l'échoppe comme un boulet, sans vêtement, haletant, couvert de sueur et de boue.

— Enfants américains, attaqué Bung Lung, prendre l'habit, emporter, courir; laissé Bung dans le ruisseau.

Ces mots furent prononcés par lui avec un accent de frayeur mal dissipée.

Hélas! mon frac tout neuf, il était perdu! Quatre-vingts dollars jetés à la rue. Je consolai mon petit Chinois de mon mieux. Pour lui, il se mit philosophiquement à passer sa grande blouse bleue dans l'eau, pour la nettoyer. Et moi, j'admirais sa tranquillité d'âme.

Le jour suivant, obligé d'aller en soirée, je fus dans une boutique de prêteur sur gages et marchandai des fracs d'occasion.

Le vieux marchand juif m'en apporta plusieurs à choisir. Dans le premier qui tomba sous mes yeux je reconnus quoi? mon habit!... Je montrai au juif mes deux initiales brodées sur la doublure du dos.

— Qui vous a vendu cet habit? m'écriai-je.

— Un Chinois, répliqua le marchand.

— Un Chinois! fis-je, stupéfait. A-t-il donné son nom?

— Oui, je le lui ai fait donner. Je demande toujours le nom de ces gens là.

Le juif me montra son livre.

Tenez! lisez, Monsieur : Bung Lung.

— Bung Lung!

Je m'élançai hors de l'échoppe et courus chez moi.

Les quelques jours qui suivirent ne sont pas bien

précis dans mes souvenirs. Ma mémoire me montre le profil d'un gigantesque policeman, arpentant le trottoir en compagnie d'un petit Chinois tout jaune, horrible, repoussant. C'était la réaction.

Quel était ce Chinois?

Le mien!

Bung Lung!...

ANTI-OBÉSITAS

ANTI-OBESITAS

A Mme Jenny Lemm

I

Il avait en horreur l'adjectif obèse, le pauvre Blummy James.

Je ne dirai pas qu'il était gras ; il n'aimait pas davantage ce mot.

Il convenait seulement qu'il était « un peu fort. »

Pourtant, c'était là un euphémisme.

En réalité, James pesait 300 livres ; sa face était une pleine lune.

Mais il ne pouvait supporter se l'entendre dire, et il fit une jolie rente à un flatteur qui l'avait trouvé *anti-bernhardtesque*.

II

Cette infirmité affligeait le bon James, célibataire ami de la table, et qui avait amassé une jolie fortune dans le commerce des suifs.

Mais le moyen de manger son revenu sans augmenter encore sa rotondité importune !

Pas de sucre, ni de cognac, ni de pommes de terre, ni tartines de beurre !

Ce régime d'ascète ne pouvait durer. James se promit de s'entraîner.

III

Vite un abonnement au gymnase.
Haltères, trapèze, barres parallèles.
Malgré tout, son ventre gonfle, gonfle toujours.

IV

On affiche un concours de marcheurs. James Blummy s'inscrit.

Quelle note chez le cordonnier!

Les filles de Chicago [1], reconnaissant en lui leur maître, lui offrent par souscription une paire de souliers d'honneur comme témoignage de leur admiration.

Mais hélas, quand il monte en tramway, le con-

[1] Les femmes de Chicago sont célèbres par leurs grands pieds.

ducteur sonne encore deux coups et lui fait payer deux places.

V

Un ami lui indique, comme remède, le canotage.

Que de coups de soleil ! — qui n'empêchent pas sa panse de s'arrondir.

VI

La boxe passe pour une panacée !

Pif ! paf ! coup de figure.

Pif ! paf ! dans la poitrine.

James valse sous les gants rembourrés, comme un ballon qu'on se renvoie.

Hélas ! le ballon gonfle, gonfle toujours à vue d'œil.

VII

James Blummy tombe malade.

On le croit perdu.

Tout le monde l'abandonne.

A l'exception de sa concierge, qui le soigne et le guérit.

Si bien que James, reconnaissant, lui fait promesse de mariage.

Par écrit, l'imprudent !

Après convalescence, James, mis en demeure, s'exécute...

VIII

Depuis lors, si vous rencontrez dans la rue un squelette ambulant, un être étique, un jeu d'osselets, vous pouvez dire que c'est Blummy James.

Un an a suffi.

Et il payerait bien cher aujourd'hui la recette pour avoir son gros ventre d'autrefois.

PROPHÉTIES ÉLECTRIQUES

PROPHÉTIES ÉLECTRIQUES

A Henry Maret.

— Prenez garde, docteur ; si vous *lui* cassiez quelque chose, comme j'ai fait l'autre jour à ce Parisien ! Les journaux électriques feraient un tapage !...

— Oh ! il est *all right*, à présent, fit l'autre médecin.

Et s'adressant à moi :

— Comment vous sentez-vous, monsieur?

— Mon cerveau est lucide, répondis-je, mais qu'est-il donc arrivé ? Il m'a semblé que le Capitole de Washington s'était écroulé sur moi.

— Vous faites erreur, monsieur, ce noble monument est rentré sous terre comme le piston d'une pompe... Voyons çà : il y a bien près de mille ans. C'est le poids qui l'a entraîné. Il y avait trop de cervelle à l'intérieur. Après quelque deux cents ans, nous avons fait relever la calotte du dôme, et vous pouvez la voir, exhibée dans notre musée national d'archéologie, comme l'un des beaux spécimens de l'art primitif américain. Nous avons eu encore ce matin des visiteurs très distingués, venus tout exprès d'Ethiopie, ce grand centre de la civilisation. Ils ont manifesté un plaisir extrême à suivre les progrès réalisés depuis la période barbare de 1888, jusqu'à la bienheureuse année 3000 dans laquelle nous sommes si fiers de vivre. Les voyageurs ont été fusillés à l'aller et au retour...

— Fusillés ! fis-je avec horreur. Et vous parliez de civilisation !...

— Calmez-vous monsieur, dit le docteur tranquillement. Je vois votre erreur. Nos touristes éthiopiens n'ont pas reçu de coups de fusil, mais ils sont venus à New-York dans le train éclair, lancés par un fusil électrique, comme jadis une simple balle de plomb. Le système est commode et d'un usage universellement répandu. C'est d'ailleurs le mode de transit le moins coûteux et le plus rapide : 2 minutes pour le tour du monde, y compris les rafraîchissements — électriques naturellement.

Je pris le temps de réfléchir...

— Comment vous sentez-vous à présent ?

— Tout ce que je puis dire, c'est que mes facultés paraissent en bon ordre, mais tout mon corps me semble de bois.

— Ha ! ha ! ricana le questionneur, d'un petit air tout à fait scientifique...

Et, se tournant vers son collègue :

— Les impondérables n'ont pas encore recommencé à fonctionner.

— Je me sens tout drôle, continuai-je, j'éprouve une impression singulière, comme si j'avais été dis... dis...

— Disséqué?

— Non.

— Ah! je vois, disloqué?

— Non, non!... je veux dire dé, é... je ne peux pas finir le mot.

— Docteur, fit le savant à son voisin, passez-moi donc le *Mnémophone*, je vous prie.

Un petit instrument fut apporté, un fil électrique placé sous le pied de la table, un autre à l'oreille du questionneur.

— C'est desséché que vous avez voulu dire, prononça simplement le docteur, après avoir écouté à l'instrument.

— C'est cela! m'écriai-je.

— Eh bien, jeune homme, reprit solennellement le savant, la vérité c'est que vous avez été desséché, comme vous dites en votre langage imparfait. Nous, nous disons électrisé.

Dégoûté de la vie, vers la fin de janvier 1889, par le spectacle des dissensions politiques de cette misérable époque, vous avez pris le parti de vous suicider...

— Dites donc, monsieur, interrompis-je, indigné, faites attention à vos paroles... je ne me laisserai pas accuser...

— Enfin, pour couper court, continua le docteur, le grand fondateur de notre admirable science, un obscur savant de ce temps là, Théophile Smith, vous a sauvé en vous électrisant. Quarante ans plus tard, lorsqu'il livra au monde le résultat de ses merveilleuses découvertes, Smith a laissé votre corps par testament, avec le sien, à ses disciples. Nous avons fait revivre notre glorieux Théophile Smith, il y a un siècle et demi.

Je vais vous le présenter.

Le docteur appela : John!

— Au nom du ciel, m'écriai-je, n'en faites rien, il n'aurait... qu'à recommencer!

— Ne craignez rien... Il ne fait violence à personne... Mais je continue. Ses disciples firent beaucoup d'affaires. Nous avons expérimenté le procédé sur un spéculateur en terrains, qui avait acheté à bas prix des marais, dans l'espoir de les voir un jour décupler de valeur. Notre homme ne voulait pas se donner la peine d'attendre. Il fut électrisé à *mort*, et s'est réveillé 30 ans plus tard millionnaire. Cet exemple a lancé la nouvelle invention. Tous les spéculateurs malheureux, banquiers, joueurs à la baisse et à la hausse etc., sont venus à nous comme à des sauveurs. Nous avons en ce moment plus de 3.000.000 de clients qui dorment du sommeil de la mort électrique, scientifique et provisoire, pour se réveiller au jour dit avec de grosses fortunes.

Cette nouvelle branche de la science médicale s'est enrichie de découvertes merveilleuses.

Bref, New-York est devenu le premier centre scientifique — j'entends la science appliquée aux affaires.

Je me frottai les yeux, tout émerveillé de ces nouveautés.

— Cela vous étonne, continua le docteur. Mais nous avons mieux. Faire des riches ne suffit pas. Nous avons trouvé le moyen de fabriquer le bon sens en gros et de le vendre au détail.

— Oh ! Oh ! Et comment vous y prenez-vous ?

— Rien de plus simple. Une machine électrique spéciale recueille les germes d'idées qui flottent dans l'air. C'est une des plus admirables inventions de l'année 2998. Nous fixons et incorporons ces germes avec l'extrait concentré des œuvres des grands hommes de l'ancien temps. Ce travail est fait au moyen de l'*Omniphone*, une autre machine tout à fait curieuse. Puis, la matière rudimentaire ainsi préparée est mise en contact avec le grand sympathique des clients. Il n'y a plus qu'à faire jouer la batterie électrique, en appuyant le pôle positif à l'organe de la mémoire. Les cellules du tissu nerveux reçoivent les corpuscules de bon sens, qui sont naturellement distribuées par la circulation dans tout le corps humain. Grâce à cette belle invention, la folie, l'idiotisme, la manie politique, le fanatisme puritain, ont à peu près disparu de notre glorieuse Union Américaine. Quant aux grands hommes, nous nous en passons, tout le monde vivant sous le même toit.

Je regardai autour de moi, et vis pour la première fois que les rues étaient couvertes d'un toit de verre, scientifiquement éclairées et ventilées. Les passants n'avaient plus besoin de chapeau, et, dans la foule, je n'aperçus pas un seul crâne chauve.

Mon visage dut exprimer la plus grande surprise, car mon docteur me dit tout à coup d'un ton sérieux :

— N'admirez pas trop à la fois, vous vous fatigueriez. Auparavant, il faut prendre des forces.

Il se tourna vers son aide.

— John, apportez le Soupographe n° 14. La machine fut disposée de façon à agir sur ma région épigastrique, et j'éprouvai immédiatement une sensation agréable, comme après un excellent repas à la française.

— Nous vous donnerons tout à l'heure un peu de repos électrique — ce que les gens de l'âge de 1889, dans leur langage rudimentaire, appelaient du sommeil. Après quoi, nous vous ferons faire un tour dans notre bibliothèque scientifique où vous trouverez 1,500,000,000 volumes à votre disposition.

— Oh! oh! docteur. J'ai déjà mal à la tête de tout ce que j'apprends...

— Un peu de patience! fit mon cicérone avec un sourire aimable. Vous n'aurez pas la peine de lire. C'était bon *de votre* temps! Nous avons changé cela. Deux petits instruments, combinés, l'*ophtalmolographe* et le *mnémotype* vous transcriront en cinq minutes dans le cerveau, par les yeux, le contenu de tous les livres, à votre choix. Le procédé est infaillible et garanti cinq ans, pour 5 dollars.

— Docteur, demandai-je après un moment de réflexion, en 1889, j'étais journaliste, j'ai conservé de ce métier des habitudes de curiosité. Quels sont les gens qui achètent ainsi les idées et le sens commun au poids?

— Chacun vient nous demander la spécialité qui l'intéresse, et...

Un homme était entré dans l'atelier de l'*idéophone*, et sa tête était déjà gonflée comme un ballon.

— Docteur, docteur, dites-moi si, avec toute votre science, cet homme est plus heureux que ceux de mon temps ; voyons, trouvez-vous cet exercice confortable ?

— Oh ! cet homme est un fou. Nous l'avons *desséché* après la grande transformation politique de 1920. Il venait d'échouer aux élections pour la présidence des Etats-Unis. Il croit que nous usons encore de semblables vieilleries et vient se gonfler la tête d'idées. Pauvre homme ! Il est persuadé qu'il faut de la cervelle pour être président !

— Docteur, vous prenez avec l'esprit et les muscles des façons qui me semblent étranges.

— Jeune homme, n'espérez pas pénétrer d'emblée le sens de découvertes qui ont demandé des siècles pour se produire. Je veux vous donner encore deux ou trois renseignements, et je vous laisserai, après cela, à vos découvertes personnelles. Voici l'atelier médical : les docteurs ont renoncé aux drogues. On remet une jambe, un bras, un estomac, un foie neuf, à ceux qui ont ces membres ou ces organes malades. Les médecins sont les charpentiers, les menuisiers du corps.

— Quel blasphème !

— Calmez-vous. Comprenez que par l'usage des machines scientifiques, les cerveaux de tous les hommes sont égaux, du moins en fait de connaissances. Les grands hommes n'existent plus. Aussi, les hommes les plus utiles sont aujourd'hui les mécaniciens, les ingénieurs ; c'est-à-dire ceux qui sont capables de nous faire une vie plus scientifiquement agréable, plus confortable, qui peuvent en prolonger la durée. La science est morte après avoir épuisé les limites des connaissances et des combinaisons. Reste l'imagination de chacun, mais déjà il y a un de mes collègues qui travaille à une machine pour manufacturer l'imagination comme le reste. Toutefois, je doute qu'il y arrive jamais. Les idées, pour nous, sont des combinaisons d'actions mécaniques et n'ont rien à voir, selon moi, avec les vrais produits de l'imagination. Cette dernière, ainsi que l'émotion, est produite par la machine humaine elle-même. Comment construire une machine à émotion ? Mais il est une chose au moins certaine, c'est que nous sommes heureux. Les gens de votre temps en pouvaient-ils dire autant ?

— Mais, dites-moi, docteur, pour l'Amour !...

— L'amour ! Il y a près de 900 ans, jeune homme, que les gens raisonnables et tous les citoyens vraiment libres de cette république scientifique sont, pour toujours, affranchis d'une telle puérilité. On a peine à comprendre aujourd'hui, que l'humanité, durant tant de siècles, ait usé ses forces à la poursuite de sornettes. En lisant dans le cerveau et le cœur de la femme, l'homme a été délivré de tout désir — et réciproquement. C'est là une des plus admirables découvertes par ses résultats qu'ait produites notre glorieuse période électrique ; car en supprimant l'amour nous avons sauvé un temps précieux pour les progrès de l'expérience scientifique.

Cependant quelques retardataires, des gens de votre siècle arriéré, presque tous d'anciens habitants de ce qu'on appelait jadis la belle France, et qui ont été comme vous réveillés dans notre société perfectionnée, demeurent obstinément attachés à cette amusette d'un autre âge, comme les joueurs et les fumeurs d'opium le sont à leur incurable manie. Pris de pitié pour ces cerveaux naïfs et doux, d'un modèle trop primitif, trop débile pour supporter sans danger les clartés aveuglantes de notre éducation électrique, un grand philanthrope a fondé, sur les bords du lac Salé, un asile richement doté où ils peuvent, à l'abri de la malignité publique, se livrer en toute liberté à leur inoffensive chimère.

L'asile est placé dans le milieu d'un bosquet, en face d'un paysage romantique. Les chambres sont tendues d'étoffes claires et des pianos à vapeur jouent incessamment des romances sentimentales. Par le moyen d'un *soupographe* spécial, on administre au pauvre inconscient une consommation de *cythérine*. C'est un extrait électrique dans lequel entrent la teinture de myosotis, la poudre de riz, l'essence de rose, des ailes de papillon, des plumes de colombe. Il suffit alors de faire agir sur le crâne du malade les deux fils d'un *omnilove*, ingénieux instrument qui met en contact la bosse de l'imagination et celle de la mémoire avec celle de l'illusion d'une part et de l'autre avec la base du cervelet où siège le désir. Le *consommateur* se figure aussitôt, selon le caprice de sa fantaisie, qu'il est en intrigue réglée avec celle qu'il a choisie dans ses souvenirs ou dans la collection des amoureuses de l'histoire du roman ou de la poésie.

Ce passe-temps a été aussi conservé dans quelques rares familles anciennes, aux traditions surannées, et on le permet comme jeu innocent aux fillettes de neuf à douze ans.

Pauvres petites!

— Comment rend-on la justice parmi vous?

— Il n'y a ni cours ni criminels. On n'a plus l'embarras de la propriété. Pensez que, dans les années de disette, il n'y a qu'à électriser les pauvres gens pour les réveiller dans les années d'abondance. Quant aux criminels, l'absolue certitude d'être découverts les a tous fait renoncer au crime. Notre moralité est garantie par ce fait que la pensée est traduite en expression matérielle, et rendue palpable aux sens de tout le monde.

— Est-il possible?

— Attendez.

Le docteur tira un petit instrument de sa poche.

— Regardez là une minute. Bien. Lisez maintenant.

Je lus ma pensée transcrite en entier.

— Mais alors, fis-je tout anxieux, vous n'avez plus besoin de *reporters*, ni de correspondants.

— Sans doute. Avec cette machine, un docteur peut tout faire par lui-même. Et puis, un autre avantage du système : Plus de fausses nouvelles, plus de polémique entre journaux sur l'exactitude d'un fait!...

— C'est faux! C'est impossible! m'écriais-je avec l'énergie que donne l'amour du métier.

— Et pourquoi pas? reprit doucement le docteur. De votre temps le pauvre Edison, malgré ses idées arriérées et ses procédés enfantins, n'a-t-il pas fixé vos paroles! Pourquoi ne voulez-vous pas que nous puissions photographier vos pensées?

— Mais cela doit arrêter les criminels.

— Assurément. Les enfants à l'école ont leur cerveau photographié chaque soir. On suit ainsi les progrès de leurs idées. On détruit les mauvaises et on les remplace par une infusion de bonnes. Nous n'avons plus ni avocats, ni juges, ni hommes de loi, ni policemen, ni prisons.

Les criminels endurcis, ceux qui ont été électrisés de votre temps, sont traités comme les enfants ; s'ils résistent et se montrent trop longs à guérir, on les électrise à nouveau. Vous voyez l'économie pour l'Etat...

Il me sembla qu'il me regardait. Je devins pâle.

— Rassurez-vous, me dit-il en riant. Les journalistes sont de bons diables, et puis leur profession leur laisse si peu de loisir, qu'ils n'ont pas le temps de songer à mal, et ils arrivent ici, généralement, bien disciplinés.

— Mais j'y pense, docteur, avec toutes ces inventions électro — comment dites-vous cela? — Pourquoi ne pas me mettre en communication immédiate avec votre cerveau, j'y lirai toutes vos pensées, et j'apprendrai une à une toutes les merveilles qui découlent de celles que vous venez de m'apprendre?

— Hélas! jeune homme — ici l'expression du savant devint profondément triste, — votre esprit serait noyé dans la masse de questions qui bouillonnent sous ce crâne...

— Excusez-moi docteur, et permettez une dernière question : croyez-vous qu'avec tous ces appareils divers, les hommes arriveront à vivre éternellement?

— C'est difficile...

— Mais, ne pouvez-vous pas indéfiniment *électriser* le corps? C'est là, il me semble, une *immortalité pratique*.

— Il y a une limite à tout. A chaque électrisation, le corps perd quelque chose de sa propre personnalité, de sa vitalité particulière. Toutefois, nous vivons plus longtemps que de votre temps, 500 ans en moyenne. Nous arriverons bien à 1000, mais après?... Je vous quitte, je suis pressé...

— Encore un mot, quel est le secret de la vie humaine?

Sans doute le docteur n'était pas habitué aux questions des journalistes. Sans me répondre, il se tourna vers l'aide qui ne l'avait pas quitté.

Il ne dit pas une parole, mais l'aide, me prenant sous les bras, me poussa dans un grand tube, semblable à un canon de fusil gigantesque.

Une détonation formidable retentit. Je me retrouvai « fusillé en arrière », au printemps de l'année 1889. Et, tombant sur le toit de ma maison, j'allai me percher assez doucement sur le crâne poli d'un homme aux traits graves et doux. Je reconnus mon buste de Benjamin Franklin, irrévérencieusement relégué au grenier, à cause de ses dimensions incommodes.

Je garde, depuis ce jour, un sentiment plus vif qu'autrefois au bonhomme Franklin.

En réalité j'avais fait l'épreuve de sa *forte tête*.

Et, souvent, je pense que c'est à lui pour une bonne part que nous sommes redevables de ces merveilleux *phones*, *graphes*, et *types* qui, en ce moment, travaillent — *peut-être* — au bonheur de l'humanité.

PETIT TRAITÉ SUR LA TRICHINE

PETIT TRAITÉ SUR LA TRICHINE

A A. Willette.

Tout le monde parle des ravages causés par la trichine ; mais bien peu de gens ont des notions précises sur les symptômes et la marche de cette maladie. Nous nous proposons de remédier à cette déplorable ignorance, pour qu'à l'avenir, toute personne douée seulement du moindre esprit d'observation soit mise à même de reconnaîre la maladie à première vue.

Les trichines sont des vers *nématoïdes* microscopiques.

Le temps nous manque pour définir ce terme ; le lecteur est prié de croire que cela signifie quelque chose de très intéressant et de très scientifique.

Les trichines ont une grande affinité pour le porc... *vulgò* cochon. Leur grande joie c'est quand le sanglier domestique est transformé en saucisses ; cette métamorphose donne aux parasites une occasion de traiter d'égal à égal avec la race humaine, et de se venger des procédés vraiment humiliants dont en usent les hommes avec eux.

Un trichine mâle mesure un quatre-vingt-dix-huitième de pouce en longueur, un cent quarantième de pouce de large.

On voit tout d'abord que le trichine est loin d'atteindre, comme taille, aux proportions du moustique, à celles du hanneton, ou même à celles du chien de berger. Notre *nématoïde* microscopique a pourtant le secret de se rendre dix fois plus insupportable que n'importe lequel des êtres désagréables cités plus haut, et cela, grâce à son nombre, grâce surtout à sa curiosité naturelle, qui le pousse à entreprendre des fouilles et des galeries souterraines qu'un homme a de la peine à tolérer dans sa propre chair.

Les trichines sont des animaux sobres, leur entretien n'est pas coûteux. Vit-on jamais trichine se ruiner à payer son loyer ou ses fournisseurs ? Ils ne réclament pas, comme des habitués de table d'hôte, trois repas par jour, ne se montrent pas d'une délicatesse intempestive ; on ne les entend pas murmurer lorsque la *patronne* leur sert de la margarine pour du beurre.

On estime qu'un porc de taille moyenne porte en lui de quoi nourrir treize cent milliards, huit cent millions dix-sept cent mille, trente-trois individus adultes pendant 18 ans — jour et nuit — c'est la statistique, science mathématique, qui l'a déclaré. D'autre part les trichines n'aiment pas bien qu'on les dérange dans les habitations souterraines qu'ils doivent à leur travail opiniâtre d'ingénieur. Mais pour eux, le comble de la joie, c'est de pouvoir à leur aise suivre la loi de

Dieu qui a dit : « Croissez et multipliez, et remplissez la terre. » Ils ne se déclarent satisfaits que du jour où ils sont parvenus à remplir tout le personnage intime du porc, lequel est pour eux la terre et l'univers. Une chose à laquelle les trichines ne peuvent s'habituer, c'est l'impression désagréable qu'ils éprouvent en se réveillant tout rôtis dans le fond d'une épaule bien en chair, ou d'un jambon gras. En revanche, ils s'arrangent à merveille de la vie calme et paisible qu'on mène, retiré dans la chair à saucisse.

On ne doit jamais se laisser aller à se nourrir de viande de porc habitée par des trichines. D'abord c'est malsain, puis, on est exposé sans cesse aux dépenses d'un enterrement prématuré, et les accessoires de cette cérémonie ont singulièrement renchéri, dans les dernières années.

A moins d'être un micrographe de premier ordre, il n'est pas aisé d'affirmer à première vue que les trichines ont élu domicile dans des jambons, saucissons ou saucisses.

Mais, à la suite d'expériences sans nombre, d'études patientes et coûteuses, nous sommes parvenus à découvrir une méthode infaillible pour s'assurer de la présence du parasite dans la personne de l'animal vivant.

Nous avons pris la résolution de faire bénéficier le public de cette importante découverte, et afin de rendre notre pensée plus saisissable, nous avons accompagné notre texte de croquis explicatifs.

Un porc en bonne santé, vierge de toute trace de trichine, doit présenter l'apparence du noble animal portraituré ci-contre.

Notez l'expression claire et limpide de la prunelle. Remarquez comme l'animal relève gracieusement sa hure vers le ciel ! Avec quelle grâce coquette il dresse

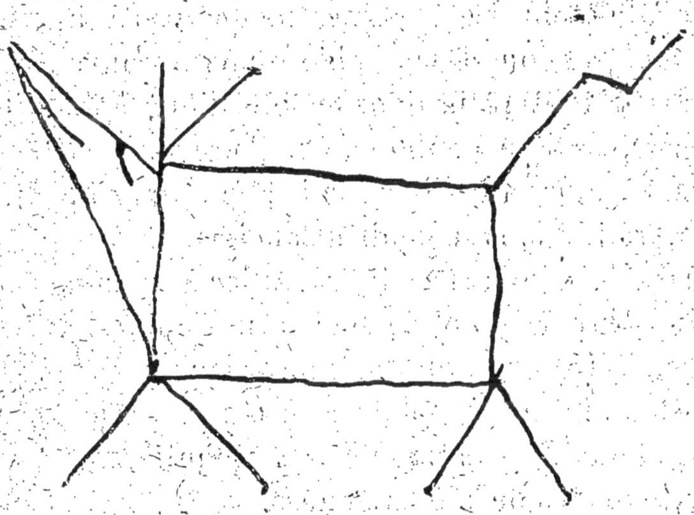

joyeusement ses oreilles, aux proportions aristocratiques, et sa queue mignonne, tournée comme la vrille d'un pampre de vigne folle !

Un sujet semblable à ce portrait est l'honneur de la race porcine. Sa chair ne peut manquer de fournir un mets succulent, sous quelque forme qu'on l'apprête. La trichine ne saurait avoir prise sur lui. Force et santé sont réservées à qui en fera sa nourriture.

Notre second croquis montre un sujet de constitution saine, mais d'humeur mélancolique. Les terribles envahisseurs n'ont pas encore commencé, à travers les parties vitales de l'animal, leur course dévastatrice. Cependant le porc éprouve déjà une affinité instinctive pour les parasites, et les saucisses provenant de la viande du malheureux doivent être surveillées dans leur confection.

Observez comme une des oreilles pend tristement. Quant à l'œil, voyez, il se ferme sous le poids d'un sommeil irrésistible.

Toute la personne du porc offre une expression de tristesse, de chagrin profond, qui font le plus saisissant contraste avec l'agilité, et les dispositions heureuses du modèle numéro 1.

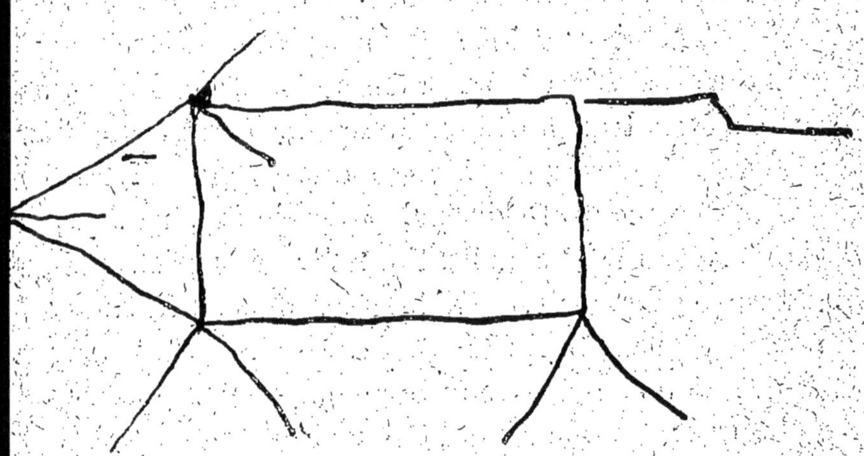

Troisième cas. — Nous sommes ici en présence d'une infection caractérisée. Tous les symptômes sont réunis pour trahir la présence de l'ennemi dans les parties profondes et charnues.

Cet infortuné spécimen est pris au hasard parmi les millions de victimes, vouées à une destinée fatale. Remarquez comme il tourne sa tête avec peine dans un stérile effort pour faire rejoindre son grouin et l'extrémité de sa queue. La secrète espérance du martyr c'est que, s'il parvient à mordre le bout de sa queue, il mettra en fuite quelques-uns des envahisseurs qui ont élu domicile dans les muscles de son appendice caudal.

Hélas! toutes les tentatives du pauvre malade sont impuissantes. Le seul parti qu'il y ait à prendre en présence d'une situation aussi grave, c'est d'abattre le malheureux.

N. B. — On pourra donner sa chair aux pauvres dans les ventes de charité.

Il ne faut pas avoir peur de la trichine. Si tout le monde ne sait pas désormais quel porc est bon et quel est celui à éviter, ce ne sera pas notre faute. Nous avons tracé nous-même ces croquis, après nous « être transporté en personne » à Porcopolis, avec des dépenses de voyage incroyables. Tous les dessinateurs « professionnels » manifestaient une horreur invincible et constitutionnelle de la trichine. Ils ont refusé l'offre des bénéfices les plus extravagants, tant est grande la répugnance qu'ils ont à tracer l'image d'un malheureux porc dans les angoisses de la douleur, ou sur le point d'être victime du terrible mal. Mais nous qui avions en vue le service à rendre à l'humanité, nous n'avons pas eu de tels scrupules. Sans compter que nous ne saurions nous laisser faire la loi par des artistes. Et voilà comment quelques traits de notre plume facile ont suffi pour créer ces remarquables croquis.

Notre dernier dessin représente un porc au plus haut période de l'affection. Il laisse tomber sa tête alourdie par la souffrance et par le poids des millions de trichines qui se sont blottis dans sa cervelle. Ses oreilles, ses jambes sont pareillement saturées de l'horrible vermine. L'animal est perdu.

Il n'a plus que quelques heures à traîner son existence insupportable. C'est avec la chair de semblables sujets qu'on devrait confectionner les saucisses destinées aux commissaires de la police municipale de New-York, ainsi qu'aux membres du Conseil municipal chargé de la propreté des rues de la Métropole. Cela donnerait aux marchands de cer-

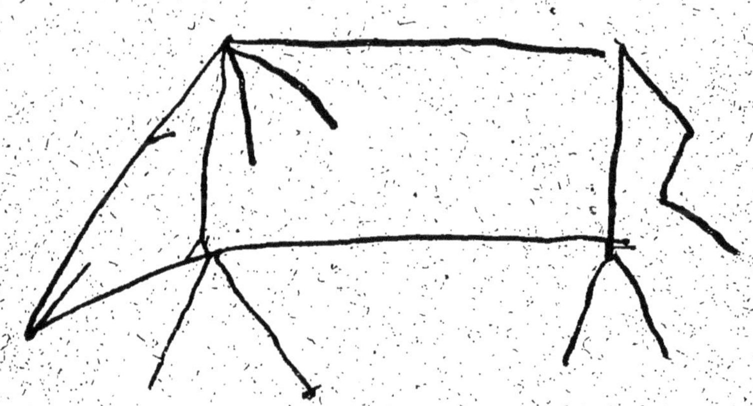

cueils une besogne supplémentaire. Mais il en résulterait quelque bien.

Une découverte vraiment admirable que nous avons faite, révèle le moyen infaillible de guérir le porc atteint de la trichine. C'est de faire bouillir dans une marmite à haute pression, chaque matin pendant deux heures, le patient, avec de l'eau puisée à l'Hudson. Ce procédé ne nous a jamais trompé. Nous le livrons gratuitement au public, dans l'intérêt de nos semblables.

BAPTÊME FORCÉ

BAPTÊME FORCÉ

LECTURE ÉDIFIANTE POUR LES PETITS ENFANTS

DES ÉCOLES MÉTHODISTES

A M. Auguste Leudet.

On vous a bien des fois parlé, chers enfants, du dévouement admirable avec lequel nos héroïques *Révérends* s'embarquent pour les contrées les plus insalubres dans l'espoir d'écouler, parmi les nègres sans écriture, le précieux stock des éditions polyglottes que publient chaque année, à grands frais, les généreuses *Sociétés méthodistes de Londres et de Boston réunies.*

Pas un de vous, chers petits, qui ne sache les prodiges d'habileté, d'audace, d'ingéniosité que déploient nos Révérends dans les régions — chaque jour, hélas!

moins nombreuses, — où il y a chance pour le commerce respectable d'établir de nouveaux comptoirs pour favoriser l'échange de nos produits honnêtes contre la poudre d'or, les dents d'ivoire, le tabac, le café en grains et le rhum de canne.

Ecoutez, enfants, le récit d'un nouvel exploit accompli par nos Révérends à Madagascar.

Pendant une longue suite d'années, la grande île africaine fut, vous le savez, chers petits, un vaste champ de bénédiction pour nos Sociétés de Londres et de Boston, une source intarissable de profits pour notre honnête commerce yankee, un paradis terrestre pour les Pasteurs Méthodistes qui étaient devenus — au prix de quels efforts ! — les intimes amis et les conseillers de la Reine des Malgaches. C'est le nom de la grande tribu qui vit dans l'île. Et par l'habileté pratique de nos pasteurs, aussi bien que par la grâce d'en haut et la protection de la reine, nos Révérends prodiguaient à ce peuple naïf, doux, animé des meilleures intentions, tous les bienfaits de notre civilisation supérieure. Quincaillerie, épicerie, conserves alimentaires, linoleum, caoutchouc imperméable, tout ce qui, dans notre glorieuse république, contribue à rendre nos existences américaines respectables et confortables, tout, depuis les faux-cols en celluloïd, jusqu'aux *whiskey-cocktails*, tout sans exception était avec une ardeur, une abnégation sublimes, fourni aux consommateurs indigènes de Madagascar par les comptoirs des Révérends Méthodistes. Vous devinez quel honneur pour nos sociétés et quel gros profit pour nos maisons de banque !

Mais, un jour, on vit arriver dans l'île une troupe

de missionnaires, venus de France. Vos pasteurs, vos chers parents, vos maîtres d'école, vous répètent chaque jour, mes enfants, que les infortunés peuples latins croupissent dans une immoralité, une ignorance des affaires, une abjection qui ressemble à une demi-barbarie, et n'est que la punition des orgies abominables par lesquelles ces nations dégradées souillent, depuis des siècles, le saint repos du dimanche.

Nos Révérends avertirent la reine des Malgaches du danger que courait son peuple. Avec les missionnaires catholiques, plus de comptoirs, plus de commerce honnête, plus de produits respectables, les missionnaires n'ayant d'autre but dans leur fanatisme que de faire partager à de pauvres sauvages sans défense, les tristes superstitions dont ils abrutissent les cerveaux français !

La reine envoya ses guerriers pour barrer le chemin aux missionnaires ; nos Révérends fournirent des fusils, des canons, de la poudre. Hélas ! ce fut le dernier bénéfice accordé à leur commerce. Car bientôt les pantalons rouges arrivèrent pour défendre les missionnaires, et, après de grandes batailles, la reine, ingrate envers ses bienfaiteurs, donna l'ordre à ses sujets de délaisser les comptoirs méthodistes.

C'est alors que nos admirables sociétés de Londres et de Boston, émues devant les frais considérables de cette campagne, supprimèrent, dans une heure de découragement, les secours en argent qu'on adressait depuis des années aux Révérends de Madagascar. La situation semblait perdue.

Deux hommes tout seuls l'ont sauvée.

Méditez leur noble exemple, chers enfants, et dans

votre cœur formez un ferme propos de vous rendre, quand vous serez grands, dignes de vos pasteurs.

Peu de semaines après la pénible décision prise par nos sociétés, deux Révérends, peu confortablement installés dans un simple canot d'écorce, remontaient de compagnie l'une des plus inconnues rivières de Madagascar, cours d'eau d'un accès presque impossible et qui est désigné sur les cartes de la Société de Boston par un nom indigène très difficile à prononcer.

L'un de ces navigateurs intrépides était le frère John Calvin, l'autre frère Philéas Sweet, tous deux Révérends distingués de la communion méthodiste de Boston. Le but de leur voyage vous sera révélé, chers enfants, par le dialogue qu'ils échangent entre eux pour tuer les heures d'ennui dans leur canot d'écorce.

— Un seul, rien qu'un seul petit sauvage, disait frère Calvin à son compagnon. Un seul et notre association se couvre de gloire sans compter le profit. Savez-vous, révérend Philéas, qu'il y a aujourd'hui trois mois que nous avons signé ensemble ce traité qui nous lie l'un à l'autre pour quatre mois en tout, et qu'il y a quinze jours ce matin depuis que nous cherchons en vain à atteindre l'un de ces misérables?

— Hélas oui! quinze jours et quatorze nuits, fit avec un soupir le frère Philéas. Tout ce temps-là nous avons vogué sur les eaux dangereuses de cette rivière dont je ne puis prononcer le nom; nous avons traversé plus de cinquante villages. Mais partout, devant nous, les hommes, les femmes et les enfants se sont enfuis à notre approche.

— C'est, dit Calvin, bien certainement pour obéir à l'ordre formel de cette reine ingrate. Mais il ne sera pas dit que nous ayons renoncé. Poussons en avant, frère Philéas! Poussons ferme, et ne doutons pas!

Comme une récompense de sa fermeté d'âme, frère Calvin n'avait pas fini sa phrase, qu'il aperçut, planté droit devant lui, au milieu de la rivière, un bambou flexible. Tout en haut, perchée dans la verdure, se balançait à la brise légère une jolie hutte de feuillage. Un Malgache misanthrope en avait fait son petit retiro, à la fois coquet et économique, où il berçait en paix sa mélancolie de sauvage. Les Malgaches sont à peu près les seuls peuples qui trouvent du charme à établir ainsi des perchoirs solitaires à la cime des bambous, dans le milieu des rivières.

Ce genre de propriété foncière rentre dans le genre des constructions sur pilotis, et consiste surtout en moulages d'architecture légère, remarquables par leur manque absolu de sous-sol.

Le Malgache en question était par hasard un Malgache au cœur dur, à l'âme obstinée, méprisant la société des autres Malgaches, pour vivre au sein d'une méditation maladive, dans les profondeurs d'une feuille de palmier.

Les Révérends, s'étant approchés, aperçurent, à l'entrée de la hutte, deux objets d'une forme singulière. Calvin, qui était l'esprit ferme de l'association, tira sa longue-vue d'explorateur et reconnut du premier coup d'œil les deux pieds de l'habitant de la case; deux pieds énormes et nus qui servaient comme d'enseigne à la demeure du mécréant, et s'avançaient dans une pose pleine d'abandon, qui indiquait une disposition naturelle à adopter les us et coutumes de nos législateurs du Capitole de Washington.

— Ces pieds noirs nous annoncent une âme à blanchir! s'écria le frère Calvin qui cessa de ramer.

Frère Phileas réprima une furieuse envie de s'écrier qu'il devait y avoir deux âmes, puisqu'il y avait deux pieds; mais, se contenant, il fit un simple signe d'acquiescement et les deux associés, après avoir manœuvré pour atteindre le pied du bambou, se mirent à l'œuvre sans retard.

Frère Phileas, qui avait une belle voix, entonna les premières mesures de l'hymne célèbre :

Placez vos économies dans le ciel,
Achetez-vous des couronnes d'or et des ailes!

Puis, le frère Calvin lut à haute voix un de ces petits traités édifiants que les *Sociétés de Londres et de Boston réunies* font imprimer, gratuitement, à des millions d'exemplaires, pour être distribués dans les tramways et les gares de chemins de fer. C'était justement, mes chers enfants, une histoire bien connue de vous, celle d'un honnête petit garçon qui dénonça son méchant camarade parce que celui-ci avait placé une épingle sur la chaise du maître d'école. Le rapporteur reçut une dégelée de coups de poing sur la tête; mais le bon petit garçon se vengea en se laissant mourir et en pardonnant au méchant [1].

En entendant cette lecture, le Malgache n'eut pas le cœur touché, comme c'eût été son devoir. Bien au contraire, le mécréant mit la tête à la porte de la hutte,

[1] Emprunté textuellement au titre d'un petit traité méthodiste.

et fit à l'adresse des deux Révérends un geste irrévérencieux que frère Philéas qualifia de grossier.

Le frère Calvin reprit noblement :

A l'injure opposons la grandeur d'âme. Et il se mit en devoir de donner lecture d'un autre traité, plus touchant que le premier, l'histoire d'un bonnête ouvrier qui prit un jour un verre de cidre doux en compagnie de débauchés et devint depuis ce temps-là un ivrogne incurable [1].

Cet appel pressant, sous forme d'apologue, ne tira du sauvage qu'une répétition du geste qui avait justement choqué les bons Révérends ; pantomime expressive, accompagnée de quelques remarques en dialecte malgache.

Alors, saisi d'une ardeur indomptable, frère Calvin lut un troisième traité, plus beau que les deux autres. C'était l'histoire d'un petit garçon qui fume un cigare, et confesse les tortures qu'il endura lorsqu'il rôtit dans le soufre enflammé de l'enfer.

Le croirez-vous, mes petits amis, le cœur du farouche Malgache demeura insensible pour la troisième fois!

— Assez plaisanté comme cela ! — dit tout à coup frère Calvin au frère Philéas. Avec les impénitents il n'y a pas de ménagements à garder!

Frère Philéas pleura, mais il fut obligé de convenir qu'il y avait cas de force majeure.

Alors les deux hommes de paix s'emparèrent d'une scie à main qu'ils avaient prise avec eux, dans l'espoir de l'échanger dans la hutte du premier chef

[1] Textuel.

venu contre une feuillette de fil-en-quatre. Et pieusement, ils se mirent, à l'exemple de Samson, à scier par la base le tronc du bambou qui servait d'unique colonne à la hutte philistine.

Et, quand il comprit leur intention, le Malgache sentit son cœur de pierre s'amollir. Pour la première fois, il réfléchit que le pilotis de l'idolâtrie n'était après tout qu'un roseau fragile.

Frère Philéas, sensible aux chagrins d'autrui par tempérament, ne put retenir un mouvement de pitié envers ce pauvre Malgache qu'on expropriait pour le salut de son âme.

Et voulant adoucir l'amertume du sort de l'infortuné, il entonna de sa plus harmonieuse voix de basse le psaume n° 3524, comme suit :

> Ayez de la tenue quand vous mourrez!
> Fixez votre perruque sur votre crâne de pécheur
> Avec la colle de l'espoir céleste.

Comme le dernier écho mourant répétait les dernières syllabes de ces belles strophes, la scie atteignit la moelle du bambou ; la cime de verdure s'ébranla, oscilla lentement, comme à regret, puis, s'éloignant brusquement du voisinage des autres tiges, entraîna dans un bain improvisé, non plus un sauvage impénitent, mais un honnête Malgache au cœur repentant et soumis.

Les bons Révérends, par un effet de la Providence, tenaient le malheureux en leur pouvoir. Frère Calvin saisit le païen par une boucle de sa toison et le maintint sous l'eau par poses de quatre à cinq secondes ; or, le sauvage ne savait pas nager, ce qui rectifie les relations de voyages antérieurs à ce récit fidèle.

Et ainsi, pendant quelques instants, les bons frères, ne pouvant parvenir à blanchir la peau de leur captif, lavèrent au moins son âme de toute souillure. Si bien qu'à la troisième immersion, le Malgache déclara qu'il était touché de la grâce. Le baptême était complet, et le révérend Calvin lui donna le nom de John Ranarivo, qui veut dire, en malgache, le fils du bambou.

John fut instruit dans les consolantes vérités méthodistes et amené à Boston triomphalement avec une forte cargaison de produits de Madagascar. En passant par New-York, John se façonna aux usages de la grande ville, prit le chapeau gibus, la cravate blanche. Il prêche aujourd'hui, à la grande édification de nos pères.

— Et moi, en conclusion, dit-il, à la fin de chaque speech, ne suis-je pas une preuve de l'utilité des *Sociétés de Londres et de Boston réunies?* Qui oserait le nier?

Personne n'ose jamais se lever pour contredire; et John Ranarivo en profite pour faire passer le plat comme je vais avoir l'honneur de le faire parmi vous, mes chers enfants, au profit de l'œuvre de la civilisation de Madagascar, — dont John est le trésorier.

PENDANT
QUE LES HEURES SONNENT

PENDANT QUE LES HEURES SONNENT

A Edmond Lepelletier.

Pas moyen de dormir, quand il se fût agi de sauver ma tête.

J'avais pris une tasse de café de plus qu'à l'ordinaire, pour m'aider à me réveiller de bonne heure le lendemain matin, en vue d'un article pressé... Le résultat fut qu'après m'être assoupi un instant, je m'éveillai brusquement. Impossible de tenir les yeux fermés. En même temps mon imagination se mit à battre la campagne.

Mais pour la première fois, les souvenirs de mes années d'enfance me parurent sans charme.

Ce que je cherchais, ce qu'il me fallait et rien autre, c'était le sommeil, que je ne pouvais trouver. J'essayai tour à tour les moyens qui me réussissent d'ordinaire; je me couchai sur le côté droit, puis sur le gauche, et finalement sur le dos, ce qui m'amena à cette seule conclusion : que mon traversin avait grand besoin d'être refait.

Je me dressai sur mon séant, martelai de vigoureux coups de poing les oreillers, dans l'espoir de les rendre un peu moins durs, et de nouveau, je me laissai aller de mon long.....

Quelques minutes plus tard, j'avais refermé les yeux, et cheminais doucement vers le pays des rêves.....

Avant que j'aie eu le temps de pouvoir me rendre compte, mes yeux étaient encore grands ouverts, et je gagnais, furieux, le bord du lit, du côté de la ruelle, pour rouler presque aussitôt dans le vide creusé par mon corps, dans le milieu.

D'un bout à l'autre de ma couche, ce furent des voyages sans nombre, et toutes sortes de rencontres désagréables de mon front avec le bois de lit, très dur.

Je n'avais plus qu'à revenir à mon premier système ; je m'assis dans mon lit, frottai mes yeux, plongeai le regard dans les ténèbres, et, tandis qu'une demi douzaine de jurons favoris se pressaient sur mes lèvres, je commençai à m'inquiéter de l'heure qu'il pouvait bien être.

Dans le jour, alors que je n'avais aucune raison de chercher à savoir l'heure, l'horloge de la vieille église voisine m'assourdissait à chaque instant, m'éveillant au moment le plus doux de la sieste. Et maintenant que je désirais savoir l'heure au juste, quand c'était pour moi une nécessité impérieuse, l'horloge se taisait !...

Il me sembla que j'attendais depuis trois intermi-ables quarts d'heure; j'eusse parié pour soixante minutes. Tout à coup, le timbre fêlé de l'antique horloge sonna lentement un coup.

— Une heure! m'écriai-je, presque soulagé. Cela ne fait plus que six heures d'attente. C'est long, mais j'attendrai.

. . . .

Deux! continua la sonnerie.

— Tiens! Je gagne une heure. L'homme n'apprécie son bonheur qu'en songeant à ce que le sort lui épargne. Nous sommes de mauvaise humeur parce que le tailleur nous a manqué de parole, sans nous dire que notre sort est heureux par comparaison avec celui des commis-voyageurs, des plongeurs sous-marins, des mineurs, des dentistes et des policemen. Nous devrions remercier la fortune, en réfléchissant qu'elle pouvait nous faire boiteux, manchots, nous condamner à être conducteur de tramway, concierge, député invalidé. L'assassin lui-même, n'a pas assez de philosophie pour s'avouer que, s'il est condamné à mort, du moins il est sûr de ne pas traîner une existence misérable. Et d'ailleurs il vivra encore plus longtemps que nombre d'honnêtes millionnaires, saisis par une mort subite au milieu d'une famille bien aimée, sous les lambris dorés de leurs palais magnifiques. Je ne puis dormir, eh bien! philosophons. Asseyons-nous, et rendons grâces à Dieu de ce qu'il ne m'a pas créé avec une jambe plus courte que l'autre. La prochaine fois que je serai vexé d'avoir manqué une affaire de cinq cents dollars avec l'administrateur du journal, j'irai à l'hôpital voir les pauvres diables qu'on ampute sans l'aide du chloroforme. Cela me réconciliera avec la vie; car il n'y a rien, pour oublier ses propres chagrins, comme d'être témoin des malheurs d'autrui. Je ne puis m'endormir en ce moment, ce qui est très désagréable, mais je suis tout de même moins à plaindre que l'infortuné atteint d'un cancer à l'estomac. . . . .

. . . .

Troisième coup du timbre.

— Trois heures du matin ! Quel bonheur! Cela ne fait plus que quatre heures à patienter. Ce n'est rien! Ça passera aussi doucement que l'air à la mode sur les lèvres de la petite Nelly, la chanteuse de Niblo's Théâtre... Il sera sept heures avant même que j'aie le temps d'y penser. Je me vois déjà dans la salle à manger, assis devant une côtelette grillée, tandis qu'au dehors, l'oiseau matinal fait entendre sa chanson derrière la vitre.

. . . .

Nouveau coup de marteau sur le timbre.

— Merci, chère horloge. Je me trompais en disant que j'avais quatre heures à attendre. C'était trois seulement! Tels sont pourtant les fantômes de notre imagination dans les ténèbres de la nuit.

Quand je pense que je me plaignais de ne pouvoir dormir! Mais il y a des gens, dans le monde, qui donneraient des millions pour pouvoir *ne pas dormir*. N'a-t-on pas fusillé des sentinelles pour s'être assoupi en faction!

Je devrais rougir de grogner pour si peu de chose. Suis-je après tout si fort à plaindre? J'ai un bon lit pour me reposer, au lieu du sol nu et froid qui sert de couche à tant de malheureux sans asile. Dire que je pourrais être étendu à terre comme des centaines de mineurs dans les Montagnes Rocheuses, avec du sable humide plein mes bottes, et rien à mettre sur ma tête, si ce n'est un vieux chapeau troué !

. . . .

Cinq ! sonna l'horloge.

Je ne me sens pas d'aise. Cinq heures du matin ! Cela me rappelle cinq heures de l'après-midi, quand les belles dames finissent leur promenade et rentrent à la maison, légères, les frisons de leur chevelure soulevés par la brise. Il me semble que je respire leur doux parfum d'*ylang-ylang* ou de verveine... Il va être bientôt temps de me lever. Je mériterais des coups de canne pour mes plaintes contre l'insomnie ! Saint Augustin, dit-on, s'élança un jour de son lit, sans même avoir passé un simple caleçon, sortit de sa maison, et courut se rouler dans la neige, pour chasser une pensée coupable qui avait traversé son esprit.

Je pense que je devrais l'imiter. Mais il n'y a pas de neige, et la glace est chère pour quelqu'un qui n'a que cinq mille dollars à dépenser par an.

. . . .

Six !

Est-ce que je rêve ? Plus qu'une toute petite heure... On dirait que le sort m'a pris en pitié. Il me semble déjà voir les premières lueurs de l'aurore qui se glisse le long des boutiques. Les réverbères pâlissent, quelques-uns sont déjà éteints. Le jour vient avertir le policeman qu'il est temps de quitter la brasserie où il sommeille, au lieu de courir après les voleurs. Non, ce n'est pas le jour, ce n'est pas l'alouette, c'est le laitier matinal, qui marque le moment où Roméo doit dégringoler au plus vite de l'échelle de soie, et repartir pour Mantoue... s'il veut arriver à l'ouverture du bureau.

. . . .

Sept !

La vieille horloge n'a-t-elle pas dit sept heures ? Oui. Quel bonheur ! J'ai laissé mes persiennes fermées, il fait ici noir comme dans un four. Allons ! Il faut se lever ! Eh ! bien, vrai, cela n'a pas été trop long à attendre. C'est singulier comme avec un peu de patience quelques heures d'insomnie sont vite passées. . . . .

. . . .

Huit !

— Déjà ! Dépêchons-nous, si je ne veux pas arriver en retard ! J'espère que j'ai fait un somme !

C'est drôle, j'aurais cru que je n'avais pas dormi du tout. Mais, je suis content d'être arrivé au matin !... Voyons ! que je me dépêche. Je me sens frais et dispos, prêt à abattre quatre ou cinq colonnes de *copie*, sans rature. Je...

Neuf !

— Oh ! Oh ! Le déjeuner va refroidir ! Je donnerai son compte à la servante pour ne m'avoir pas appelé. Pas moyen de trouver une servante, aujourd'hui. Celle qui sait un peu de cuisine boit, vous pille effrontément. Celle qui est honnête ne sait pas cuire deux œufs à la coque... Mais qu'ai-je à me plaindre, quand je suis si heureux de revoir le jour ?...

Dix !

— Dix heures ! C'est impossible ! J'ai mal compté !

. . . .

Je sautai brusquement à bas de mon lit, je courus pieds nus, en toilette de nuit, à travers la chambre, et, d'un geste violent, je poussai les volets...

Oh ! déception !

La rue noire comme une cave !... Pas un passant, pas un chat, pas un policeman !...

Silence de mort. Quelques réverbères blafards perçant çà et là les ténèbres, une douzaine d'étoiles brillant à la voûte céleste, et c'est tout !...

Dans la solitude silencieuse monta le son clair du timbre argentin.

Onze !

Onze heures !... c'était *onze heures... avant minuit !*

Tristement, lentement, je regagnai mon lit, je me tournai et me retournai douloureusement, bourrant mon traversin de coups de poing rageurs...

Et ainsi jusqu'au grand jour...

Je me trouvai alors tellement harassé de fatigue, que j'eus toutes les peines du monde à m'arracher du lit. Et j'arrivai au journal une bonne demi-heure en retard...

A TATONS

No
peu
lés d
cieus
Tr
serv
rant
leurs
bure
oreil
de co
Ce
dispo
de m
« J'a
« j'a
prouv
Et

A TATONS

A A. Périvier.

Nos sens sont des valets donnés par la nature, à peu près comme ces domestiques de confiance, installés dans l'intimité d'un gendre par la belle-mère soucieuse d'assurer le servage du pauvre homme.

Traîtres et fourbes autant que les scapins gagés, nos serviteurs intimes, les cinq sens, sont en outre garantis contre toute pensée de révolte de la part de leurs maîtres ; aucun industriel n'ayant encore ouvert bureau de remplacement pour les nez, les yeux, les oreilles ou les langues, pris en flagrant délit d'abus de confiance.

C'est pourquoi, depuis saint Thomas, les moins disposés à se laisser abuser par les sens ont dû, faute de mieux, se contenter en toute circonstance, d'un « J'ai vu, j'ai touché du doigt », comme équivalent à « j'affirme, je suis, cela est positif, indéniable, prouvé. »

Et pourtant !...

Des États d'Amérique, berceau du spiritisme contemporain, j'apporte une histoire :

Les principaux héros, — les victimes, si l'on veut, — sont deux artistes connus, de savants docteurs, d'honorables new-yorkais, appartenant à la « Society, » toutes sortes de gens qui ne passent pas pour crédules. Donc, le caractère des témoignages, leur nombre, tout écarte l'idée d'une mystification.

Quant aux détails, recueillis de vive voix, ils sont scrupuleusement conformes à ceux des comptes rendus publiés sur cette curieuse affaire par les journaux scientifiques du Nouveau-Monde.

Condamné par une violente tempête de neige à la solitude inusitée de son riche atelier — qui est bien l'un des plus luxueux de la Cinquième Avenue (cette avenue de Villiers new-yorkaise) — enfoncé dans le *rocking-chair* confortable qui le berçait doucement au coin d'un feu clair, le célèbre Julian Sax feuilletait distraitement un volume nouveau afin de tuer les heures désœuvrées d'une soirée de l'hiver dernier.

Au centre de l'atelier, sous la clarté blanche des douze bougies du lustre en verre de Venise, un lourd chevalet de travail supportait la dernière ébauche.

Tout à coup, fond sur la maison une rafale furieuse. Les vitraux de la baie grelottent dans leurs châssis de plomb ; sans doute mal équilibrée sur son support, la toile glisse et s'étale sur le tapis.

« Fichu temps ! » murmure le peintre en frissonnant.

Il se lève de sa chaise, va replacer l'ébauche avec précaution, et regagne sa place, au foyer. Les pincettes à la main, déjà il commence à taquiner la bûche, quand, dans le silence d'une accalmie, un bruit singulier lui fait tourner la tête. Là bas, vers le fond de la vaste pièce, Sax entend comme un pas, étouffé dans l'épaisseur de la moquette, et, presque aussitôt, une chute sourde, celle d'un corps vivant, qui s'abat contre le coffre vermoulu de la grande horloge flamande, dressée dans le coin le plus reculé de l'atelier.

— Maudite bête! Ici *Puppy*! s'écrie Julian, brandissant ses pincettes! Encore le roquet de la vieille! Attends un peu! Je vais t'en donner des paysages de Sax pour faire herboriser les chiens de la voisine!

Et voici l'artiste en chasse.

A travers les chaises, les escabeaux, parmi les tables chargées de bibelots, derrière les rideaux, les portières, partout, Sax furette, fouille en vain.

Dans l'atelier, rien. Ah! cette porte, ouverte sur la chambre à coucher! Julian se précipite, ramène le battant sur lui, bouleverse chaque meuble. Rien encore! Le peintre jette un coup d'œil à la fenêtre. Close.

— Par où ce damné chien s'est-il sauvé?

Un coup de timbre résonne à la porte de l'escalier, Sax va ouvrir. C'est son ami Charles Lynnel, l'animalier bien connu, dont l'atelier est sur le même palier que celui de Julian.

— Tu arrives à temps, dit ce dernier au visiteur; tu vas m'aider.

Et Charles, mis au courant, reprend avec Julian la poursuite interrompue. Enfin, après quelques instants d'inutile battue, Lynnel part d'un éclat de rire.

— Il n'y a pas plus de *Puppy* dans cette chambre que sur ma main!... Tu peux t'en rapporter à moi!

Tu t'es endormi sur ton livre, et tu as rêvé chien. Ça porte bonheur... Je vais dormir. Fais-en autant. Il vente à ne pas mettre un chat dehors.

— Tu as peut-être raison! Bonne nuit, dit Julian résigné.

Demeuré seul, Sax éteint les bougies du lustre, va s'enfermer dans sa chambre, et commence à se déshabiller.

— C'est drôle tout de même, se dit le peintre à lui-même. Il m'avait bien semblé... Enfin! Couchons-nous... »

Il met une grosse bûche à son feu, baisse le gaz, se glisse entre ses draps, et finit par s'endormir.

Deux heures après, minuit achevait de sonner quand l'artiste se réveilla brusquement. Il ouvrit tout grands les yeux et les oreilles. Des tisons usés s'échappaient des lueurs mourantes qui rougissaient de vagues et fugitifs reflets les ombres noires de la chambre. Au dehors, la tempête était apaisée. Un silence profond avait envahi l'avenue, endormie sous son manteau de neige.

Saisi d'un trouble indéfinissable, Julian dresse l'oreille.

Oh! Cette fois, il ne se trompe pas! Il entend, le doute est impossible... Il entend le souffle pesant d'une respiration courte, vibrante, saccadée. C'est par ici, dans la direction du foyer, vers ce coussin de velours. Le roquet frileux s'y sera blotti, sans doute, attiré hors de sa cachette par la chaleur de l'âtre, dont les dernières rougeurs ne permettent de distinguer ni forme ni couleur.

— Pour le coup! menace Julius, qui bondit hors

du lit, court au bec de gaz, et, d'un coup de pouce, illumine la chambre d'une clarté subite.

En trois pas, Sax est sur le coussin. Son pied nu frôle une masse charnue dont le contact le fait frissonner, un grouillement de membres moites et gigottants glisse entre ses jambes qui s'embarrassent. Et crac! Voilà le peintre à terre en toilette de nuit, se débattant dans le vide.

Quand, retrouvant son équilibre, l'artiste parvint à se relever, l'insaisissable roquet avait disparu, sans même que M. Sax ait eu le temps d'apercevoir poil ou patte.

Julian Sax, capitaine au brave 7e des Volontaires new-yorkais et vétéran de la bataille de Bull-Run, Julian Sax n'est pas pour s'étonner facilement.

Cependant, le mystère prolongé du chien fantastique l'agace et le trouble à la fin. Malgré l'heure indue, il va sonner à la porte de Charles Lynnel qu'il oblige à s'habiller.

M. Lynnel écouta en silence le récit de toutes ces choses invraisemblables, et d'un ton sérieux :

— Vous avez chez vous un *burglar* [1], mon cher Julian. Il faudra bien que nous le trouvions! Ou bien, vous avez vidé seul une bouteille de *whiskey* et cela vous a donné le cauchemar... A moins que tu n'aies simplement inventé cette bonne farce pour te moquer de moi. Auquel cas, je me permets de trouver l'heure mal choisie.

Sax ne soufflait mot, absorbé par sa rêverie.

[1] Voleur nocturne, terreur des propriétaires aux États-Unis.

Lynnel était complètement vêtu. Julian le prit par le bras, et le ramenant à son atelier l'entraîna vivement vers la chambre à coucher.

Arrivé au milieu de la pièce, Charles s'arrêta, promena sur les meubles en désordre un long regard scrutateur, et tendit l'oreille.

Subitement, il tressaillit. Du fond de la chambre, vers le lit, s'élevait, distinct dans le silence de la nuit, un soupir profond, quelque chose comme un sanglot contenu.

— Il y a quelqu'un de ce côté! s'écrient à la fois les deux peintres qui se précipitent vers le lit.

Lynnel saute à pieds joints sur les couvertures, enjambe matelas et traversins, et, de la main droite, à tâtons, explore la ruelle obscure. Aussitôt il pousse un cri :

— Je tiens quelque chose — un bras — un bras de fille — par ici! Ah petite voleuse!

La « petite fille » gémit, se défend, résiste. Derrière les rideaux une sorte de lutte s'engage. Mais le peintre est le plus fort; et la coupable est, malgré sa résistance, amenée sous la lumière du jour.

Une double exclamation sort à la fois de la bouche des deux hommes.

— Où est-elle ? Je ne vois pas!

— Ni moi! Je ne vois rien... si ce n'est mes mains vides...

— Comme moi!...

— Je sens pourtant bien un bras, un petit corps nu! Je touche une poitrine haletante, ma main caresse une peau qui a le velouté du satin.

— C'est cela ! Et je ne vois rien — rien ! Voilà qui est extraordinaire !...

— N'entends-tu pas des plaintes sourdes, des gémissements étouffés ?

— J'entends tout cela !

—Voyons ! Du calme. Nous avons toute notre raison, ce me semble, et je suis sûr de n'être pas aveugle... car je distingue tous les objets de la chambre, tout, excepté l'être ensorcelé auquel je suis en peine de donner un nom, esprit, ange, démon. C'est un phénomène inouï ! Entre ces deux mains qui palpent et auscultent, entre mes doigts qui pressent, au travers de ce corps fantastique, dont je sens le contour délicat et la chaleur douce contre ma chair, j'*aperçois* la lumière jaune du gaz éclairant le mur, sans trace d'ombre ni de pénombre. Nous sommes les dupes de quelque illusion inexplicable. Eh bien, attendons le jour, nous finirons bien par nous rendre compte !...

Les deux amis avaient repris une partie de leur assurance.

— Surtout ! tenons bon, ne lâchons pas ; ne laissons pas échapper le « corps du délit, » dit Julian Sax, tout à fait résigné à l'invraisemblance de son aventure.

Avec tous les égards dûs à un visiteur de cette importance, les deux peintres transportèrent sur le lit de Julian « l'enfant » invisible, qui se laissa faire sans résistance, et tomba bientôt dans une sorte d'immobilité somnolente.

— *Il* ou *elle* dort, reprit Lynnel à voix basse.

— Entends-tu la respiration égale, l'inspiration profonde ? C'est égal, ne la quittons pas. On ne saurait garder trop de précautions avec les anges du bon

Dieu. Mais tout de même, nous devons avoir deux drôles de têtes, déguisés en nourrices au service d'un pareil poupon!...

Et chacun, la main posée sur la dormeuse, comme deux gendarmes de planton près d'un prisonnier, ils s'installèrent sur le lit, en attendant le jour.

Dans l'avenue, les premières clochettes des laitiers tintaient déjà, et l'incroyable cataracte qui voilait la vue des deux amis n'était pas encore tombée. L'être chimérique reposait toujours sur le lit. Charles Lynnel et Julian tinrent conseil, ensuite de quoi Charles s'en fut soumettre le cas aux lumières du savant docteur Miller. Celui-là commença par rire, puis sur les instances du peintre célèbre, sérieusement alarmé pour la raison de son client, il finit par se laisser entraîner à l'atelier de Sax, bien sûr de pénétrer du premier coup d'œil tous ces prétendus mystères; mais, vaguement sur ses gardes contre une mystification de *rapin*.

L'air bonhomme et souriant à demi, l'air de l'anatomiste positif qui ne se paie pas d'à peu près et ne prononce qu'après avoir examiné par lui même, l'air du savant qu'on n'abuse pas aisément avec de faux semblants, l'air du chimiste patient qui ne se rapporte qu'à l'expérience, ne se rend qu'à l'évidence, notre illustre docteur pénètre avec Lynnel dans la chambre de Julian, s'approche du lit, vide en apparence.

Alors, chose incroyable, invraisemblable, inouïe, mais authentique, le célèbre professeur de l'Académie de médecine de New-York voit, de ses yeux clairs et perçants, de ses yeux habitués à lire dans le miroir du microscope et sur la face menteuse des malades, de ses deux yeux bien ouverts, le Dr Miller VOIT clairement, distinctement, moulée dans l'épaisse laine de la couverture *qui se tasse et change de forme incessamment sous un poids mouvant mais invisible*, il VOIT une empreinte, comme d'un corps d'enfant de deux ans à peine.

Le docteur avance sa main, habile à l'auscultation du nu, et ses doigts, au toucher si sûr, si subtil de maître chirurgien, ses doigts chercheurs s'arrêtent au poli dodu, satiné d'un épiderme délicat qu'il *sent frissonner* à son contact. La caresse de sa main se promène sur les méplats et les rondeurs charnues d'un petit torse enfantin, le long des formes exquises d'une mignonne poitrine, d'un cou gracile et flexible, elle remonte jusqu'à un visage aux traits menus, avec des joues poupines, creusées de fossettes, une bouche minuscule, garnie de deux rangs de quenottes aiguës, un nez imperceptible, aux narines mobiles, et des yeux clos de paupières frangées par de longs cils soyeux. Au-dessus d'un front droit une forêt de boucles légères, foisonnant, d'une incroyable finesse.

Muet, très pâle, au milieu d'un silence profond, le docteur écarquille ses paupières; mais en vain. Ses yeux donnent un formel démenti à ses mains qui *constatent* et *touchent*. Ses doigts expérimentés témoignent de l'existence, de la présence réelle d'un être vivant sur ce lit; et cependant le regard du savant *nie* tout simplement la vérité de ce corps dont il sent contre sa chair frémir la chair nue, palpitante de chaleur et de vie; son regard *ignore* une *force*, dont l'*effet* se montre évident à sa vue dans l'étoffe animée de la couverture grimaçante !

Etonné d'abord, puis déconcerté, le visage du docteur disait maintenant sa stupéfaction, en face d'une énigme où sa science était impuissante. Mais pour cacher son trouble aux deux artistes, il essaya de dire quelque chose, et du ton le plus assuré qu'il put prendre :

— Très curieux ! en effet. Extraordinaire ! Positivement sans précédent !... Mais ne perdons pas la tête, je vous prie. *Voyons* plutôt cela au jour, de tout près !

Le lit est traîné jusqu'à la fenêtre, et les blonds rayons d'un soleil radieux, traversant la haute verrière, inondent le lit, la chambre, ainsi que les trois hommes d'une belle lumière couleur de l'or.

Voyons ! est bientôt dit ; mais le lit semble vide comme auparavant. Torse, visage, chevelure bouclée, rien n'apparaît, cependant que l'empreinte changeante tord la surface de la couverture sous le rayon du soleil !

— Bien particulier, *indeed !* reprend le Dr Miller après un silence. Puis avec une indifférence affectée : Poursuivons notre exploration au grand jour... bien que jusqu'ici, nous n'en ayons pas tiré grand avantage !...

Et le docteur eut un petit ricanement nerveux qui voulait être plaisant, pour le moins.

Alors, comme un chef de clinique fait, au lit du malade, sa démonstration pratique pour l'instruction des élèves, il reprit à haute voix son enquête médico-légale :

— Je sens, à n'en pas douter, une poitrine à la peau douce et tiède, avec un battement rapide qui semble indiquer le cœur. Voici un bras, une petite jambe ; le poignet, la cheville sont attachés comme chez un prince du sang, les ongles du pied et de la main sont bombés, délicats, d'une petitesse admirable !... Oh ! qu'est cela ? Vers l'épaule droite?... Oui ! Ma foi ! Un aileron, avec des plumes d'oiseau, moelleuses sous la main comme un duvet. Tiens ! celui de gauche a, vers son milieu, une brisure et pend inerte, au bout de son moignon. Messieurs ! Si je ne me trompe, nous avons — je ne dirai pas sous les yeux — mais entre les mains un spécimen si longtemps refusé à l'examen de la science, des anges bouffis de Raphaël ou des amours de Watteau ! Quel dommage que nous ne puissions nous aider de la vue pour contempler cette incarnation miraculeuse des rêves des poètes et des peintres !...

Le professeur s'interrompit dans ses railleries qui dissimulaient mal un extrême embarras ; et, d'une voix sérieuse :

— Le « petit » souffre de son aile brisée !

Sous ma pression, *il* résiste et se débat. Ecoutez ! on dirait un gémissement !

Les deux artistes restèrent pétrifiés d'émotion. A leurs oreilles un bruit arrivait, très distinct, une plainte douloureuse, inarticulée, mais très perceptible, un grognement sourd, échappé à la bouche de l'enfant surnaturel dont forme et couleur semblaient interdits à leur vue par quelque sortilège au-dessus de la raison, par un charme plus puissant que toutes les lois de la physique.

Le professeur lâcha son patient invisible ; le grognement douloureux cessa aussitôt.

Tout à coup, le docteur poussa un cri.

— Du sang !

Et il agitait contre la vitre, pour mieux voir, ses doigts, teints d'une liqueur rosée qui faisait une tache humide sur la blancheur de sa peau, comme un sang vermeil, fraîchement épanché d'une blessure.

M. Miller ne riait plus. Son visage avait la pâleur des draps.

Enfin, littéralement suffoqué, abasourdi, il sauta sur son chapeau, balbutia quelques mots inintelligibles et gagna la porte de sortie, en priant les deux peintres de garder pour eux le secret de cette folie contagieuse...

Cette étrange affaire s'ébruita pourtant, et l'on a publié les noms de plus de cinquante personnes qui ont rendu visite à l'hôte invisible du peintre Julian Sax.

Et si vous allez à New-York, vous pourrez lire sur les registres de l'Académie des Sciences de cette ville, le procès-verbal des expériences tentées par la commission spéciale nommée dans le but de déterminer a nature exacte de ce phénomène incroyable, sans précédent connu.

Sur le journal spécial on relève les indications suivantes: Poids du corps, 25 livres, 7 onces. Chaleur 64° Réaumur. Si vous faites visite à M. Julian Sax, dans son atelier, il vous fera admirer un moulage en plâtre du bras droit de « l'enfant », moulage d'une beauté merveilleuse.

Quant au sexe, les témoignages sont muets, et nous perdons peut-être l'unique occasion de savoir une fois pour toutes, si les femmes sont anges ou démons...

Le « phénomène » dura *cinq mois* de la sorte

L' « enfant invisible », pendant tout ce temps, parut reprendre des forces, sans pourtant quitter jamais le lit du peintre. *Il* ou *elle* s'était peu à peu apprivoisé, semblait sensible aux caresses de Julian, et manifestait sa joie à son approche, par de petits cris inarticulés. Sa nourriture? Aucun indice n'a montré qu'*il* ou *elle* en fit usage. La brisure de l'*aile* gauche semblait s'être remise d'elle-même.

Un jour, tout-à-coup l' « enfant invisible » donna les marques d'une agitation extraordinaire. Julian Sax comprit que son pensionnaire était malade. Le toucher, seul moyen de communication possible, et dont les peintres et les visiteurs se servaient, comme des aveugles, le toucher révéla que la petite bouche de l'enfant s'ouvrait comme pour demander à boire. Julian imagina de lui *offrir* du thé qu'on venait de servir. L' « enfant » avança ses lèvres, à la coupe, et *but* quelques gorgées du breuvage chaud. Par un phénomène, inexplicable d'après les lois connues de l'optique, le liquide, en quittant la tasse de porcelaine, devenait aussitôt invisible comme la bouche qui le recevait! Cette expérience fut la dernière.

Presque aussitôt après, le mystérieux enfant fut pris d'un tremblement violent, ses petits membres s'agitaient en convulsions frénétiques, les ailes battaient avec un bruit de plumes très perceptible. Sous la main nue du peintre, la poitrine du petit être se soulevait dans un râle. C'était *l'agonie* de cette étrange existence.

Une heure durant, ces signes inquiétants se manifestèrent avec une force croissante. Subitement, tout mouvement s'arrêta. Le corps de cet être sans nom cessa de remuer. Dans sa main Julian sentit la petite main de l'enfant devenir tout à coup inerte. Puis il sembla au peintre que tout le mystère de cette *incarnation invisible* prenait fin. Ces muscles, cette petite tête, cette poitrine, ces membres, délicats dont il caressait le contour, il lui sembla qu'ils se dissolvaient, se vaporisaient, s'évanouissaient entre ses doigts. Puis, plus rien, nulle trace. L'être mystérieux avait rendu *l'esprit* et s'en allait comme il était venu...

L'émotion causée par cette très curieuse aventure est encore vive parmi les savants d'outre-mer.

La majorité des pasteurs l'attribuèrent sans hésitation à Belzébuth.

« Folie contagieuse, obsession, suggestion, illusion endémique, de même nature que celle des anabaptistes et des convulsionnaires », me dit le docteur Miller, au moment où je le quittai, après avoir noté les derniers détails de cette histoire que je dédie sans commentaires à messieurs de la physiologie.

LA FIN D'UN MONDE

LA FIN D'UN MONDE

OU SCIENCE ET INCONSCIENCE

CONTE PHILOSOPHIQUE

A Alphonse Allais.

Quel savant docteur que le docteur Kartoffel-Salat, membre correspondant de l'académie de l'Eau-de-Vie de Dantzig, géographe en chambre, inventeur de théories nouvelles sur la formation naturelle du fromage de Gruyère dans les cavernes de Louisville (Kentucky) !

Quelle acquisition scientifique a fait en sa personne vénérable le musée géographique de Boston, dont il est le président !

Mais, hélas ! la perfection humaine n'existe pas. L'une des plus merveilleuses théories que l'infatigable docteur était sur le point d'élucider vient de se trouver — à jamais peut-être — renversée par la misérable intervention du dernier des animaux domestiques contre lequel le docteur crût nécessaire de se prémunir — une vulgaire chatte !

Enveloppé dans sa houppelande, un abat-jour vert sur les yeux, le docteur Kartoffel Salat était assis dans son grand fauteuil à oreillettes, accessoire nécessaire à un cabinet de savant, depuis Faust.

Le docteur méditait sur le globe terrestre, une de ces sphères en carton-pâte que la science allemande

a créées, comme une réduction diabolique de notre pauvre terre.

Le docteur prenait des notes pour un grand voyage d'excursion dans les mines de jambons, récemment découvertes au Colorado par une société minière de Hambourg.

Le nez sur le carton bombé, le docteur cherchait vainement le mot Colorado. Il faut dire que les noms de pays étaient imprimés en jolis caractères microscopiques, sortant des presses du plus fameux éditeur gothique des hémisphères de Magdebourg.

Dans un coin de la pièce, Kitty, la petite chatte du voisin, un boucher fort illettré, examinait avec curiosité.

Elle venait de découvrir un géographe.

— Pourquoi donc, se demanda Kitty, pourquoi ne

deviendrais-je pas aussi un géographe distingué ? Nous sommes dans un pays libre, où les femmes ont

autant de droit que les hommes. Je suis chatte, je puis devenir doctoresse en géographie. J'aurai une grande houppelande et un abat-jour vert. Ce sera très amusant !

Pendant ce monologue, Kartoffel-Salat ayant

trouvé le Colorado sur la mappemonde, s'était mis à fouiller un gros bouquin contenant des renseignements précieux sur ce pays.

Il interrompit sa lecture tout à coup, pour suivre

a description sur la mappemonde. Mais il eut beau

nettoyer ses lunettes, le Colorado n'était plus sous ses yeux. Toutefois, en cherchant bien, il découvrit enfin cet État remuant, qui avait fait une rotation de plus de cinq degrés vers l'Est.

— Voilà quelque chose de particulier, se dit le

savant docteur. Le Colorado est un Etat qui *marche*, qui va de l'avant ; on me l'avait dit. Mais je ne lui eusse jamais supposé des progrès rapides au point de se faire sentir à une si petite échelle ! »

Et il se leva pour aller consulter une grosse encyclopédie allemande, dans l'espoir d'en tirer quelques éclaircissements sur un fait aussi anormal.

C'était, on l'a vu dans les croquis ci-contre, *miss* Kitty, la chatte du boucher, qui était cause des incer-

titudes du docteur Kartoffel-Salat.

La chatte ambitieuse prenait sa première leçon de géographie.

Elle continua à palper les montagnes et les vallées, de sa petite patte agile.

Et le globe terrestre de tourner !

Subitement, le docteur crut entendre du bruit et se retourna.

Étonnant ! Le Colorado marchait, marchait à pas de géant.

Kitty, prudemment, s'était dissimulée derrière la machine ronde. Le docteur fouilla plus énergiquement que jamais dans le traité des *Curiosités géographiques* par le célèbre Asinus von Sauerkraut de Frankfurt.

Hélas ! il ne trouva rien...

Tout à coup, le savant se frappa le front.

— Je tiens une découverte admirable ! Je viens de surprendre la loi des rapports entre le Globe ter-

restre qui roule dans l'espace céleste, et les petits globes cosmiques créés par la science allemande. O mon pays ! je vais te doter d'une gloire immortelle !

Mais voici Kitty, qui, reprise d'une nouvelle ardeur scientifique, voulut ajouter un chapitre à ses connaissances en géographie.

Le globe tourna, tourna si fort cette fois, que lorsque le savant docteur Kartoffel-Salat voulut mesurer es progrès du Colorado, il découvrit Denver, la capi-ale de cet État né d'hier, où ? devinez !...

A Magdebourg même, patrie des hémisphères de physique amusante !

Kartoffel-Salat était, lui aussi, de Magdebourg. Une indignation le saisit. Une colère patriotique le transporta :

— Un obscur pays du *Far West* prendrait la place e ma chère patrie ! Oh ! Jamais ! je ne le permet-rai pas ! Périsse plutôt la science ! Meure la gloire e mes decouvertes !

Il leva le poing.

Patatras ! La mince feuille de carton pâte s'effon-ra sous les coups redoublés du docteur, qui avait été dans sa jeunesse un remarquable boxeur. Sur carcasse du monde détraqué, il s'acharna patriotiqu-ment.

Miss Kitty prit aussitôt ses jambes à son cou, détala comme un lièvre, la queue droite.

Et voilà comment une admirable découverte, entr-vue par le génie du docteur Kartoffel, est restée et re-tera probablement dans les limbes, par la faute d'u misérable chatte ignorante et ambitieuse !

Nous ne saurons la vérité sur la marche croissan

du Colorado que lorsque nous serons dans ce lieu o vont se rejoindre les ombres des savants en *us*, celle des journalistes ignorants, celles des chattes incor-rigibles et des mappemondes crevées.

ÉLIXIR DE LONGUE VIE

ÉLIXIR DE LONGUE VIE

Au Dr Armand Desprez.

— Comme échantillon, une bouteille offerte gratis ! » s'écria joyeusement M. Torticolis Trinquecruche, malade de profession, qui avait successivement mis sur les dents les plus dangereux professeurs des facultés de New-York et Philadelphie réunies.

Au moment où il laissa échapper cette exclamation, M. Torticolis était couché, comme c'est le devoir de tout malade qui se respecte, et il venait de trouver à la première page du *New-York Herald* l'annonce du *Baume-Élixir Indien*, drogue nouvelle guérissant, disait la notice, névralgies, gastralgies, et un nombre considérable d'autres *gies* passées, présentes et futures, contenues dans le dictionnaire de médecine.

— La maladie mystérieuse dont je souffre est sûrement comprise parmi ces *gies*, non définies, se dit M. Torticolis. Le *Baume-Élixir Indien* est juste ce qu'il me faut ! Dire que je n'y avais pas encore songé une minute. Et pourtant l'inventeur offre un échantillon gratis. C'est quelque philanthrope, assurément !

Le lendemain matin, M. Torticolis Trinquecruche écrivait à son droguiste ordinaire de lui envoyer la bienheureuse fiole.

Avec une ponctualité digne du plus grand éloge, le malade prit la dose indiquée dans la notice, d'heure en heure, après un grand verre d'eau glacée. M. Tor-

ticolis éprouva aussitôt un mieux très sensible. Seulement, chose curieuse, il eut beau continuer ce régime avec une patience des plus méritoires, la guérison ne vint pas.

Le malade, un peu désappointé, se remit au lit, posture convenable pour un malade de profession. Et le dos solidement appuyé contre une pile d'oreilliers, M. Torticolis recommença son étude approfondie de la notice explicative.

— J'ai trouvé ! s'écria-t-il tout à coup. Son regard venait de rencontrer un petit paragraphe perdu dans le texte, portant que dans le cas où la névralgie, céphalalgie, gastralgie ou autre *gie* quelconque se trouverait compliquée de salmigondis ou de galimatias de la moelle allongée, il fallait remplacer le *Baume-Elixir* par le *Baume Indien* du prix de trois dollars le flacon pour une fois. Chaque matin et chaque soir un flacon devait suffire.

M. Torticolis ne se sentit pas de joie ; sans quitter son lit, il télégraphia à un *messenger boy* de lui aller chercher trois douzaines de *Baume Indien*. Les nombreuses attestations imprimées à la suite de la notice, ne laissant au pauvre malade nul doute sur l'infaillibilité d'une cure prochaine, grâce à ce remède divin, patenté au bureau des inventions de Washington et dans toutes les capitales des États.

— Le *Baume Indien* n'est pas sans valeur, dit un soir à notre ami Torticolis, son vieux camarade, le docteur Hippocrate Puff von Humbug. Mais voyez-vous, Torticolis, ajouta le savant professeur avec un sourire d'homme de science, il n'y a rien encore pour détrôner l'*Extrait de homard à l'Assa Fœtida*.

— J'en ai déjà entendu parler, dit Torticolis, devenu pensif. Où donc ai-je lu déjà ce nom-là ?

— Eh parbleu ! c'est sur les rochers qui bordent la ligne du chemin de fer conduisant au cimetière métropolitain, répondit le docteur Puff von Humbug.

— Ah ! je me souviens à présent, » interrompit M. Torticolis. Et il envoya aussitôt un télégramme à son droguiste, pour lui commander quelques douzaines de bouteilles d'*Extrait de homard à l'Assa-Fœtida.*

— Avec cette merveilleuse préparation, se dit tout bas le malade, je serai sur pied dans le court espace de temps qui suffit à un spéculateur de la campagne pour se faire dévaliser à la Bourse de New-York, et je ne tarderai pas à être aussi vif qu'un voleur de nuit, poursuivi par un policeman qu'il n'a pas eu soin d'*avertir* préalablement.

Après quelques semaines d'*Extrait de homard*, M. Torticolis n'était pas guéri.

Des mois, des années se passèrent. M. Torticolis continua de lire les annonces du *New-York Herald*, et chaque fois qu'un remède patenté annonçait un échantillon gratis, le malade de profession en essayait — puis il en suivait aussitôt le régime.

C'est ainsi que, sur l'avis des savants docteurs Hanemann Amerikus, Codex Torboyau, Remedius von Cerceuil, Sangrado de Diafoirus et quelques autres, il fit tour à tour l'expérience des plus infaillibles spécialités : *Fer Magnétique liquéfié, sirop pectoral de tomate à la margarine, gomme de caoutchouc à l'asphalte comprimée, extrait de cuir bouilli à la sauce tortue*. Et encore : *baume acide d'huîtres séchées à la vapeur de goudron;* enfin les célèbres *gouttes d'Hypocrène*, faites avec la vapeur de tomahawk conservée dans l'esprit de prunes vertes.

Hélas ! pour quelle raison inconnue toutes ces panacées demeurèrent-elles sans résultat décisif?

— Peut-être le diagnostic a-t-il été encore fait à la légère, pensa Torticolis. Et il se hâta de prendre une gorgée de *looch acide de sassafras à la confiture de timbres-poste*. « Souverain contre *l'acropolis facial* E PLURIBUS UNUM ». [1]

— Plus de doute! C'est bien cela dont j'avais besoin; j'ai enfin mis la main sur un remède sans pareil!

Déception amère! M. Torticolis, après huit bouteilles de cet élixir, se sentit incapable de se lever.

— Je me serai trompé, j'aurai confondu deux maladies ensemble. C'est sans doute *nec pluribus impar*, qu'il fallait lire. Quelle faute a commise mon père en ne me faisant pas apprendre le latin!

A bout de forces, le pauvre M. Torticolis s'endormit.

Et il lui sembla que tous les flacons dont il avait bu le contenu depuis une longue suite d'années remplissaient sa chambre à coucher, et que ces flacons dansaient en rond autour de son lit.

Chaque flacon, chaque bouteille, petite ou grande, de toute forme, de toute couleur, prit une voix.

Alors, de tous les points de la chambre, s'éleva un concert de reproches qui donnaient la chair de poule à l'infortuné Torticolis.

— Trinquecruche! Trinquecruche! murmurait une voix liquide, partant de dessous l'oreiller, pourquoi n'as-tu pas eu foi en moi?

— Qui es-tu? demanda Torticolis, d'un ton effaré.

— Je suis *l'Élixir-Baume Indien*. Si tu avais eu un peu de persévérance, tu serais aujourd'hui à même de gagner des prix dans des concours de vélocipèdes et de battre tous les *champions* des marcheurs anglais.

[1] Devise de la République américaine.

— Mais, voulut protester Torticolis, j'ai bu plusieurs douzaines de bouteilles...

— Il fallait continuer... tu commençais à devenir un bon client.

— Ne l'écoute pas, Trinquecruche! interrompit une autre voix venant de derrière la table de nuit. *L'Élixir Indien* est un charlatan! Sans compter qu'il ne dépense pas autant que moi de dollars pour la publicité.

— Qui es-tu?

— Je suis l'*Extrait de homard à l'Assa-Fœtida* (Un

dollar et demi les demi-flacons, cinq les grands. On gagne un quart de litre par dix bouteilles à prendre le grand modèle.) Je ne veux te faire aucun reproche de m'avoir abandonné. Mais tu dois bien t'en prendre à toi-même, si tu es aujourd'hui dans un état désespéré.

Le *Fer Magnétique* interrompit à son tour, puis ce fut le *Sirop Pectoral*. Et toutes les bouteilles à la file égrenèrent le chapelet de leurs récriminations.

Au-dessus de ce brouhaha pharmaceutique, une forte voix de basse s'éleva tout à coup, dominant le tumulte. Comme par enchantement, les autres flacons et bouteilles firent silence.

Et la voix dit :

— Torticolis, en ma qualité de président des re-

mèdes brevetés et patentés, comme le plus ancien et le plus grand des formats en usage, moi, *Élixir de Longue Vie*, célèbre dans les deux hémisphères, je veux t'exprimer sans faiblesse notre opinion à ton égard. Tu es un ingrat, un *lâcheur*, un homme sans cœur, un client sans consistance; tu n'as usé envers nous tous que de traîtrise et de déloyauté. C'est pourquoi tu as été condamné à notre conseil. Nous avons prononcé ta sentence! Nous t'abandonnons comme tu as fait de nous.

Torticolis Trinquecruche, tu es perdu!... »

Un *bravo* général de verres choquant les uns contre

les autres, proclama l'entente unanime des juges. Puis le silence se fit, — silence de mort!

Torticolis ne se releva plus.

Ses amis lui ont fait faire un cercueil en forme de flacon pharmaceutique, afin de perpétuer le souvenir des efforts généreux tentés par Trinquecruche pour la propagation des remèdes brevetés; et comme un avertissement salutaire aux imprudents qui seraient tentés d'imiter sa trahison.

REQUIESCAT IN PACE.

MARIAGE

PAR CONSENTEMENT MUTUEL

MARIAGE PAR CONSENTEMENT MUTUEL

A Mme Léon Cléry.

A L. J. Fisk Esqe, Président du « Private détective Central office, » New-Yorck.

Monsieur le Président,

Notre caissier principal, l'honorable Jack Smart, de Chicago, est « absent », depuis avant-hier, *avec* six millions de dollars, valeur au porteur.

Signalement général : Blond, moustaches et favoris, trente-deux ans, cinq pieds quatre pouces, yeux bleu gris, sourcils rares, nez long, narines minces, joues et oreilles rouges, épaules larges, poids environ deux cents livres. Lunettes d'or.

Costume habituel : Complet « yankee », à carreaux

gris et bruns, bague brillant, épingle de cravate nationale, aigle américaine en or, montre d'or de chez Tiffany.

Remarques particulières: Phalange du pouce droit enlevée par arme à feu (probablement pendant son séjour à San Francisco), dents de devant supérieures auréfiées.

Dernière demeure : Cottage privé, 175me rue Ouest, près station chemin de fer métropolitain aérien. Capitaine-trésorier, au 12e régiment Grenadiers Volontaires. Premier Assistant-Orateur à la loge maçonn. n° 318.

Habitudes connues : Généralement sobre, sauf du 2 au 4 de chaque mois. Membre du *New-York Club* et *Art amateur*. Très attaché à une petite chienne épagneule noire, qui répond au nom de *Cash*.

Antécédents : Ex-associé à Chicago de la Banque Jackson et Cie (actif 40,000 dollars, passif 120,000, liquidation amiable). Ex-professeur d'histoire au 2me collège municipal d'Albany. Ex-adjoint au maire de Troy. — Ex-vice-président de l'*Athlètic Club* et des pompiers de Jersey City. Candidat républicain, élections 1885, canton B.

Famille : Célibataire ; ou peut-être, secrètement divorcé à Boston, d'une actrice allemande, Annie Lubeck. Le père, révérend Sullivan Smart, pasteur chapelle Saint-Andrews (méthodiste), à Staten Island, baie de New-York. Le frère, Julius Smart junior, récemment diplomé à Harward-Collège, est voyageurcommissionnaire de la maison Chapin et Gore, denrées alimentaires à Chicago.

Instructions : Rechercher traces avec toute discrétion possible.

Compliments.

Dr RUFUS CUNNING.

Directeur de « l'Empire Bank. »

P. S. — Inclus 3 chèques de 500 dollars chaque. 1° Frais et démarches; 2° pour « mention différée »[1] au quartier général de la police; 3° pour « mention différée » à la Presse Associée.

New-York, 1er octobre 1887, 9 heures, matin.

Au Dr Rufus Cunning « Empire Bank. » New-York (privé).

Recherches commencées, discrètement, suivant avis, « mentions différées », presse et police.

L. J. FISK, président.

Note. — L'hon. Jack Smart, est-il le même qui fut chef de gare, sur la ligne du chemin de fer de Louisiane, en 1880?

New-York, 1er octobre, 6 h. soir.

[1] Compensation pour perte de la prime qu'allouent la police ou le Syndicat de la Presse aux porteurs de nouvelles.

Au Dr Rufus Cunning, Empire Bank, New-York City (personnel).

J'ai le plaisir de vous faire savoir que nous avons reçu de notre agent à Toronto (Canada) la dépêche spéciale, chiffrée n° 38579, ainsi conçue :

« Hon. Jack Smart, arrivé hier soir, par express huit heures ; descendu Victoria, Hôtel, chambre 38. »

J'ai *cablé* à l'agent : « Prenez possession chambre voisine. »

J'attends, monsieur le docteur, vos instructions. Devons-nous faire constater délit et saisir valeurs, pour commencer la procédure d'extradition ?

Avec respect.

L.- J. Fisk.

New-York, 4 octobre, matin.

A. L. J. Fisk Esqe. (par courrier spécial.)

Cher Monsieur,

Veuillez me mettre en communication directe avec votre agent à Toronto. Evitez toute indiscrétion.

Dr Rufus-Cunning.

4 octobre, soir.

Au Dr Rufus-Cunning

Monsieur le docteur,

D'après avis du Private detective Central office de New-York, sous dépêche spéciale, chiffrée 38580 en date de ce jour, je suis à votre disposition en toute discrétion. Respectueusement.

JOHN HOOK, *agent*.

Victoria hôtel, chambre n° 37. Toronto (Canada).

6 octobre, matin

A John Hook Esq^e. Victoria Hôtel, chambre n° 37 Toronto (Canada)

Monsieur l'agent,

Voici mes instructions : Vous aborderez Jack Smart sans retard. Vous lui donnerez lecture de la lettre ci-incluse : « A l'honorable Jack Smart. Mon cher » *Jimmy* ! — laissez-moi vous donner votre petit » nom d'amitié. — Vous voyez qu'on vous a tout de » même trouvé, garçon ! Mais, vrai ! C'était bien » joué ! J'ai été injuste envers vous, Smart. Vous êtes » d'une force remarquable. J'ai réfléchi à la place » qu'on doit vous faire dans la Banque, mieux en » rapport avec vos capacités et nos communs inté- » rêts.

« Voulez-vous devenir mon associé, avec votre » nom dans la raison sociale ? Je suis disposé à vous » accepter comme unique *partner* dans la co-pro- » priété de l'Empire Bank. Votre apport sera de » six millions de dollars, valeurs au porteur. Nul » bruit encore de votre voyage. La banque toujours » très solide. *Cablez* acceptation ; et revenez.

« Votre vieux Rufus — et j'espère — futur asso- » cié. »

Cette lecture faite, retournez-moi la lettre, et retirez-vous, en laissant votre adresse.

Dr Rufus-Cunning.

N.-Y., 6 octobre, soir.

Au Dr *Rufus Cunning, Empire Bank, N.Y.* (personnel.)

Monsieur l'agent,

Vos instructions suivies de tout point. J'ai abordé ce matin l'hon. M. Jack Smart, dans le *dining-room* de l'hôtel, à la fin de son *lunch*. Je lui ai donné lecture de votre incluse que je vous retourne. L'hon. M. Jack Smart a paru très satisfait et s'est écrié : Le vieux » docteur est un damné renard ! Par Dieu ! C'est un » damné malin ! » Il a ri en silence et a ajouté : Je » vous le dis, le docteur est un homme d'affaires ! » Puis, il m'a invité à prendre avec lui un *champagne-cocktail*. Je n'y ai vu nulle objection. Il a ensuite parlé des plaisirs de la saison à Toronto. Il y a beaucoup de fêtes, de réceptions et de bals, dans les résidences privées. Il m'a offert de me présenter dans plusieurs familles, s'est mis à ma disposition pour me faire inviter à une partie en traîneau, et m'a fait présent d'une carte d'invitation pour une soirée musicale où il doit chanter un duo avec l'une des dames les plus fêtées de la société. Après un *cocktail* et un *milk punch*, l'hon. Jack Smart, qui est vraiment un gentleman accompli, déjà en grande faveur auprès des dames, a, lui-même, abordé franchement le sujet qui vous intéresse : « Monsieur Hook, a-t-il dit, je » suis enchanté que vous soyez l'intermédiaire choisi

» pour traiter cette affaire. Vous le faites avec une » décence correcte, tout à fait à votre honneur. Vous » aurez ce soir la visite du *sollicitor*, M. William » Sharp, mon représentant légal et mon conseil, qui » est chargé de mes intérêts, et donnera ma réponse. » *Good morning*, monsieur Hook! »

Aussitôt après mon entrevue avec le *sollicitor*, William Sharp, vous serez, M. le docteur, avisé par le prochain courrier.

Respectueusement, dans l'attente de vos instructions.

JOHN HOOK, *agent*.

Victoria, hôtel, chambre n° 37. Toronto, 8 octobre, matin.

Au Dr Rufus Cunning. Empire Bank, New-York (urgent).

Cher Monsieur,

Veuillez me faire parvenir chèque 500 dollars, pour dépenses affaire Smart. A votre dévotion.

L.-J. FISK.

New-York, 8 octobre, soir.

A L.-J. Fisk « Private détective Central Office » New-York.

Mon cher Président,

Veuillez trouver inclus chèque à votre ordre 500 dol. sur la 1re National Bank New-York. Avec compliments.

Dr RUFUS CUNNING.

9 octobre.

Au Dr Rufus Cunning, New-York.

Cher Monsieur,

J'ai reçu la visite de M. William Sharp, *sollicitor* et conseil pour l'honorable M. Jak Smart ; c'est un homme habile, correct et précis.

» La proposition soumise par votre intermédiaire » à mon client, a-t-il dit, est présentement à sa consi» dération. Mon client ne formule aucune objection » de principe contre les offres dont il est favorisé. » Toutefois, le placement de fonds qu'on sollicite de » M. Jack Smart dérange entièrement ses projets » antérieurs ; car il avait en vue un établissement » agricole dans l'Ouest, où il songait à prendre femme » et voulait se créer un *home*. Malgré tout, par » égard pour les réels avantages que mon client » trouve à continuer les affaires avec le Docteur dont » le caractère, la probité, l'habilité sont également » éprouvées, M. Jack Smart veut marquer son désir » de maintenir avec M. Cunning d'anciennes rela» tions pleines de cordialité. C'est pourquoi il m'au» torise à déclarer qu'il est prêt à donner la préfé» rence à votre combinaison, sur tout autre déjà en » cours d'exécution. Mon client, en retour, estime » qu'il serait de toute justice de lui assurer une situa» tion prépondérante dans l'association proposée : » M. Jack Smart représentant les deux tiers, M. le » Dr Rufus Cunning l'autre tiers de l'actif total de la » nouvelle banque reconstituée. Sur ces bases, » M. Jack Smart est prêt à conclure. Enfin, pour » rendre plus étroit le lien formé par les *partners*,

» M. Jack Smart sollicite l'honneur d'entrer dans la » famille du distingué Dr Rufus Cunning. »

Suivant vos intentions, j'ai réservé, monsieur le Docteur, le sens et les termes de votre réponse, et suis, dans l'attente de votre décision.

JOHN HOOK, agent.

Toronto, 10 octobre, mardi.

Note. — L'hon. Jack Smart, pour ses commodités personnelles et ses convenances mondaines, a quitté Victoria Hôtel, et pris résidence à Buckingham Palace. Il y occupe la chambre n° 18; et moi la chambre n° 17.

A John Hook Esq^e, Buckingham Palace, Toronto, chambre n° 17.

Cher Monsieur,

Donnez à M. Jack Smart communication de la note suivante : « Ma fille Lilie accepte la demande flat- » teuse. Le mariage sera célébré dans les quarante- » huit heures qui suivront le retour à New-York de » notre ami Jack. »

Dr RUFFUS CUNNING.

12 octobre.

Au Dr Rufus Cuning, Empire Bank New-York.

J'ai communiqué hier soir, 13 octobre, votre réponse à M. Sharp, *sollicitor* et conseil pour l'honorable M. Jack Smart. Après avoir conféré avec son client, ce remarquable homme de loi m'a apporté ce matin pour vous être remise, la note incluse :

Note. — « L'éminent docteur a commis une regret-
» table confusion de personnes. M. Jack Smart solli-
» cite respectueusement le consentement du très ho-
» norable président de l'Empire Bank pour le mariage
» de la charmante miss Lilie avec M. Julius Smart
» junior, qui sera nommé aux fonctions de caissier
» principal de la banque. Quant à Jack Smart, il
» indique avec une instance toute cordiale et sympa-
» thique à son cher ami le Dr Rufus Gunning l'office
» de divorce « Discrétion » Wall street nº 12 bis.
» C'est le plus expéditif, le plus sûr et le moins cher.
» *Jimmy* ose opérer que la *lady* ne s'offensera pas de
» la recherche audacieuse de son tout dévoué — Jack
» Smart. »

En me remettant ces conditions écrites, le sollicitor Sharp me charge de faire observer au Docteur que M. Jack Smart est pleinement éclairé touchant la véritable situation de la banque sur la place. Faute d'une prompte conclusion, cette remarquable institution de crédit serait acculée à une suspension de paiement inévitable, avant la prochaine liquidation. D'autre part, si, comme l'honor. Jack Smart en exprime le vif désir, toute divergence d'opinion et de point de vue venait à cesser, le nouvel associé-directeur de l'Empire Bank, s'engage à apporter à la nouvelle communauté l'émission prochaine du chemin de fer canadien, « Toronto Petits Rapides », dont il vient de conclure le marché, soit 260 milles de voie ferrée à construire.

JOHN HOOK, agent.

15 octobre.

P. S. — Adresser réponse directement jusqu'au 19 courant, 6 heures du soir.

(Par dépêche) *Hon. Jack Smart. Buckingham Palace Torento (Canada).*

All right! Actes seront prêts demain. Note suit.

Votre vieux RUFUS.

18 octobre, soir.

Note. — Melly Mary Annie Westmore, fille du feu colonel X. Westmore, de Philadelphie, auparavant épouse du docteur Rufus Cunning, président de l'Empire Bank de New-Yorck, a eu hier son divorce enregistré, à la cour de New-York. Nelly attendra *Jimmy*. Cabler heure arrivée. Domicile particulier 59e rue Ouest, près Central Park, New-York, le 18 octobre.

Extrait du New-York Hérald du 24 octobre 1887.

« L'aristocratique chapelle Saint-Andrews (méthodiste) de Staten Island, baie de New-York, a vu célébrer hier un double mariage dont la solennité avait mis en émoi toute la haute banque de Wall street.

« La ravissante miss Lilie Cunning, fille unique du sympathique Dr Rufus Cunning, ex-président de l'Empire Bank, épousait M. Julius Smart, junior, de la maison Chapin et Gore de Chicago, qu'il quitte pour prendre les importantes fonctions de caissier principal à l'Empire Bank.

« En même temps, M. Jack Smart, frère du précédent et ancien caissier principal de la banque, est devenu le mari de la toujours jolie Nelly Mary Westmore, fille du feu colonel Westmore, fameux dans la guerre contre le Sud.

« Le service a été fait avec beaucoup d'onction, non sans une pointe d'émotion, par le révérend Sullivan Smart, heureux père des deux mariés. Il a trouvé l'occasion excellente pour prononcer une de ces allocutions éloquentes qui l'ont placé à la tête des plus grands prêcheurs de l'Amérique.

« Les deux frères Smart sont les fils de leurs œuvres. L'exemple de leur bonheur sera salutaire à nos jeunes gens. Ces derniers trouveront une fois de plus dans le succès mérité des deux frères Smart la preuve de ce que peuvent le travail assidu et la conduite irréprochable, alliés aux qualités de *gentleman*, et appuyés sur cette énergie indomptable qui est la caractéristique de notre jeune et vigoureuse race yankee.

« Ce double mariage n'est pas un de ceux que voit trop souvent la vieille Europe décrépie où de vulgaires intérêts sont seuls en jeu. C'est ici la vraie pure union yankee, faite dans l'ingénue et saine tendresse de cœurs naïfs et bons.

« MM. Smart père et fils sont également un honneur pour leur famille, pour leur corporation, pour notre métropole et aussi pour cette glorieuse République américaine.

« On annonce que l'Empire Bank vient d'être choisie par la nouvelle compagnie du chemin de fer Canadien : « Torento Petits Rapides » pour faire aux Etats-Unis l'émission des titres, lors de la prochaine souscription qui va s'ouvrir (insertion payée).

A L. J. Fisk Esq[e] Private détective Central Office N. Y.

Monsieur le Président,

Pour répondre à votre trop légitime demande, nous vous donnons bien volontiers, par la présente, l'attestation que nous n'avons eu qu'à nous louer des services précieux, à nous rendus par le concours de votre institution éminemment pratique.

Au point de vue de la rapidité, de la sûreté des informations, ainsi que de la discrétion rencontrée chez vos employés, le Private Détective Central Office mérite absolument d'être tout spécialement recommandé aux *gentlemen* de la Banque de la Society.

Recevez, monsieur le Président, etc.

Dr RUFUS CUNNING, JACK SMART

Co-Directeur de l'Empire Bank. N. Y.

P. S. — Ci-joint un chèque de 500 dollars, comme gratification à votre agent spécial l'hon John Hook de Toronto, en témoignage de notre parfaite satisfaction.

Il y aura toujours à la banque un poste de confiance pour cet intelligent détective.

TABLE DES MATIÈRES

TABLE DES MATIÈRES

Préface. v
Le « Bon Ton ». 1
Complet à dix-sept dollars et demi 29
La mine perdue 43
La légende de Bill Érié 63
Le dernier jour d'un condamné 75
Le vrai chapitre des chapeaux 91
Flirtation d'outre-tombe. 105
Leçon d'archéologie 129
La Noël de l'émigrant. 141
Dans le Ciel. 155
Conseils d'un père. 167
Mon Chinois. 177
Anti-obesitas 189
Prophéties électriques 197
Petit traité sur la trichine 211
Baptême forcé. 221

Pendant que les heures sonnent. 233
A tâtons. 243
La fin d'un monde, ou science et inconscience (conte philosophique). 259
Élixir de longue vie 269
Mariage par consentement mutuel. 279

Emile Colin. — Imprimerie de Lagny.

ŒUVRES DE CAMILLE FLAMMARION (Suite)

DANS LE CIEL ET SUR LA TERRE

TABLEAUX ET HARMONIES

ILLUSTRÉS DE QUATRE EAUX-FORTES DE KAUFFMANN

1 volume in-16 grand jésus. — Prix : 5 fr.

LA PLURALITÉ DES MONDES HABITÉS

AU POINT DE VUE DE L'ASTRONOMIE

DE LA PHYSIOLOGIE ET LA PHILOSOPHIE NATURELLE

33e édition. — 1 vol. in-18 avec figures. — Prix : 3 fr. 50

LES MONDES IMAGINAIRES ET LES MONDES RÉELS

REVUE DES THÉORIES HUMAINES SUR LES HABITANTS DES ASTRES

20e édition. — 1 vol. in-18 avec figures. — Prix : 3 fr. 50

DIEU DANS LA NATURE

OU LE SPIRITUALISME ET LE MATÉRIALISME DEVANT LA SCIENCE MODERNE

20e édition. — 1 fort vol. in-18 avec portrait. — Prix : 4 fr.

RÉCITS DE L'INFINI

LUMEN. — HISTOIRE D'UNE AME. — HISTOIRE D'UNE COMÈTE. LA VIE UNIVERSELLE ET ÉTERNELLE

10e édition. — 1 vol. in-18. — Prix : 3 fr. 50

SIR HUMPHRY DAVY

LES DERNIERS JOURS D'UN PHILOSOPHE

ENTRETIENS SUR LA NATURE ET SUR LES SCIENCES

Traduit de l'anglais et annoté

7e édition française. — 1 vol. in-18. — Prix : 3 fr. 50

MES VOYAGES AÉRIENS

JOURNAL DE BORD DE DOUZE VOYAGES EN BALLONS, AVEC PLANS TOPOGRAPHIQUES

1 volume in-18. — Nouvelle édition. — Prix : 3 fr. 50

BIBLIOTHÈQUE SCIENTIFIQUE POPULAIRE

PUBLIÉE SOUS LA DIRECTION DE

CAMILLE FLAMMARION

LA

CRÉATION DE L'HOMME

ET LES

PREMIERS AGES DE L'HUMANITÉ

Par H. du CLEUZIOU

OUVRAGE ILLUSTRÉ DE 400 FIGURES

5 GRANDES PLANCHES TIRÉES A PART, 2 CARTES EN COULEUR

1 volume grand in-8° jésus

PRIX : Broché. . . . . 10 fr.

— Relié toile, tranches dorées, plaque. 14 fr.

GUSTAVE LE BON

LES

PREMIÈRES CIVILISATIONS

OUVRAGE ILLUSTRÉ DE 434 GRAVURES ET RESTITUTIONS

9 GRANDES PLANCHES TIRÉES A PART, 2 CARTES

1 volume grand in-8° jésus

PRIX : Broché. . . . . 10 fr.

— Relié toile, tranches dorées, plaque. . 14 fr.

Souscription permanente de ces deux ouvrages en livraisons à 10 centimes et en séries à 50 centimes

---

Dans la même collection, en préparation

CH. BRONGNIART

HISTOIRE NATURELLE

Édition grand in-8° illustrée

AVIS DES ÉDIT[EURS]

Le but de la collection des *Auteurs célèbres* [est de] mettre entre toutes les mains de bonnes éditions de[s écri]vains modernes et contemporains.

Sous un format commode et pouvant en même temps [tenir] place dans toute bibliothèque, il paraît chaque semain[e]

CHAQUE OUVRAGE EST COMPLET EN UN VO[LUME]

POUR LES N^os DE 1 A 60, DEMANDER LE CATALOGU[E]

7e SÉRIE.

N°s 61. ARSÈNE HOUSSAYE, Madame Trois-Étoile[s]
62. CHARLES AUBERT, La Belle Luciole.
63. MIE D'AGHONNE, L'Écluse des Cadavres.
64. GUY DE MAUPASSANT, L'Héritage.
65. CATULLE MENDÈS, Monstres parisiens (n[ouvelle série])
66. CH. DIGUET, Moi et l'Autre.
67. L. JACOLLIOT, Vengeance de Forçats.
68. HAMILTON, Mémoires du Chevalier de G[rammont]
69. MARTIAL MOULIN, Nella.
70. CHARLES DESLYS, L'Abîme.

8e SÉRIE.

N°s 71. FRÉDÉRIC SOULIÉ, Le Lion amoureux.
72. HECTOR MALOT, Les Amours de Jacques.
73. EDGAR POE, Contes extraordinaires.
74. EDOUARD BONNET, La Revanche d'Orgon.
75. THÉO-CRITT, Le Sénateur Ignace.
76. ROBERT HALT, Brave Garçon.
77. JEAN RICHEPIN, Les Morts bizarres.
78. TONY RÉVILLON, Noémi. — *La Bataille de la* [...]
79. TOLSTOÏ, Le Roman du Mariage.
80. FRANCISQUE SARCEY, Le Siège de Paris.

9e SÉRIE.

N°s 81. HECTOR MALOT, Madame Obernin.
82. JULES MARY, Un coup de Revolver.
83. GUSTAVE TOUDOUZE, Les Cauchemars.
84. STERNE, Voyage Sentimental.
85. MARIE COLOMBIER, Nathalie.
86. TANCRÈDE MARTEL, La Main aux Dames.
87. ALEXANDRE HEPP, L'Amie de Madame Al[ice]
88. CLAUDE VIGNON, Vertige.
89. EMILE DESBEAUX, La Petite Mendiante.
90. CHARLES MEROUVEL, Caprice des Dame[s]

10e SÉRIE.

N°s 91. Mme ROBERT HALT, La Petite Lazare.
92. ANDRÉ THEURIET, Lucile Désenclos.
93. EDGAR MONTEIL, Jean des Galères.
94. CATULLE MENDÈS, Le Cruel Berceau.
95. SILVIO PELLICO, Mes Prisons.
96. MAXIME RUDE, Une Victime du Couvent.
97. MAURICE JOGAND (Marc Mario), L'Enfant de [...]
98. EDOUARD SIEBECKER, Le Baiser d'Odile.
99. VALLERY-RADOT, Journal d'un Volontaire [...]
(Ouvrage couronné par l'Académie [française])
100. VOLTAIRE, Zadig. — *Candide.* [...]

11e SÉRIE.

N°s 101. CAMILLE FLAMMARION, Voyages [en ballon]
102. HECTOR MALOT, Cara.
103. EMILE ZOLA, Nantas.
104. Mme LOUIS FIGUIER, Le Gardian [de la Camargue]
105. ALEXIS BOUVIER, Les Petites Ouvrières.
106. GABRIEL GUILLEMOT, Maman Chau[...]
107. JEHAN SOUDAN, Histoires américaines.
108. GASTON D'HAILLY, Fleur de Pommier.
109. IVAN TOURGUENEFF, Premier Amour.
110. OSCAR MÉTÉNIER, La Chair.

PARIS. — IMP. C. MARPON ET E. FLAMMARION, [...]

www.ingramcontent.com/pod-product-compliance
Ingram Content Group UK Ltd.
Pitfield, Milton Keynes, MK11 3LW, UK
UKHW022050260726
13993UKWH00001B/16

9 782019 953324